新媒体环境下
高校生涯教育工作实践

张娇 著

光明日报出版社

图书在版编目（ＣＩＰ）数据

新媒体环境下高校生涯教育工作实践 / 张娇著
. -- 北京：光明日报出版社，2024.1
ISBN 978-7-5194-7568-0

Ⅰ. ①新… Ⅱ. ①张… Ⅲ. ①高等学校—职业选择—
教学研究—中国 Ⅳ. ①G647.38

中国国家版本馆 CIP 数据核字 (2023) 第 203933 号

新媒体环境下高校生涯教育工作实践

XINMEITI HUANJING XIA GAOXIAO SHENGYA JIAOYU GONGZUO SHIJIAN

著　　者：张　娇

责任编辑：谢　香　孙　展　　　　　责任校对：徐　蔚
封面设计：樊征宇　　　　　　　　　责任印制：曹　净

出版发行：光明日报出版社
地　　址：北京市西城区永安路106号，100050
电　　话：010-63169890（咨询），010-63131930（邮购）
传　　真：010-63131930
网　　址：http://book.gmw.cn
E - mail：gmrbcbs@gmw.cn
法律顾问：北京市兰台律师事务所龚柳方律师

印　　刷：天津奥丰特印刷有限公司
装　　订：天津奥丰特印刷有限公司
本书如有破损、缺页、装订错误，请与本社联系调换，电话：010-63131930

开　　本：170mm×240mm　　　　　　印　　张：10.75
字　　数：220千字
版　　次：2024年1月第1版
印　　次：2024年1月第1次印刷
书　　号：ISBN 978-7-5194-7568-0
定　　价：42.00元

前　言

　　高校辅导员是开展大学生思想政治教育的骨干力量，是高等学校学生日常思想政治教育和管理工作的组织者、实施者、指导者，始终肩负着培养社会主义建设者和接班人的光荣使命。《普通高等学校辅导员队伍建设规定》明确了辅导员工作涵盖思想理论教育和价值引领、党团和班级建设、学风建设、学生日常事务管理、心理健康教育与咨询工作、网络思想政治教育、校园危机事件应对、职业规划与就业创业指导、理论和实践研究等九大方面，职责体系无疑是复杂多元的。党的十九大作出中国特色社会主义进入新时代的科学论断，这意味着国家对高校辅导员工作提出更高的要求，意味着辅导员需要承担更大的责任。新时代高校辅导员必须牢牢抓住"培养什么样的人、怎样培养人、为谁培养人"这个根本问题，用习近平新时代中国特色社会主义思想武装头脑，树立"以生为本"的管理理念，在工作实践中不断调整角色定位，创新工作方法，将自我职业能力提升与推进专业化、职业化的辅导员队伍建设相结合，将自我的价值实现与学生的成长成才有机统一。

　　"幸福是奋斗出来的"。十余年来，我努力在教学相长中实现自我价值，在学思践悟、知行合一下无悔青春芳华；坚持在工作中学习，用理论促实践，重点在生涯引导、情感思政等方面探索实践，同时结合学院育人特色，逐步形成尚能彰显个人特色的"交心生涯指导"工作法。

　　"十年树木，百年树人"，古今之成大事业、大学问者无外乎"三重境界"，高校辅导员在授业解惑中引学生以大道，启学生以大智，以服务学生成长成才、培育国家可靠栋梁为初心，积极落实立德树人之要务，在一生奉献中体会学生工作的无限乐趣，感受桃李芳香的育人自豪。然而谈之容易，践行难，难在始终保有赤诚热爱，难在耐心坚持学思践悟。愿所有辅导员同仁在奋斗和坚守中践行立德树人的使命，实现自我价值，不忘初心，永远坚韧，且行且思！

目　录

1

笃学不倦，知行合一

——案例思考与工作杂记

一、新媒体环境下思政教育与大学生职业生涯规划的案例思考

新媒体环境下情感教育在高校思想政治教育中的应用研究

　　高校思想政治工作关系高校培养什么样的人、如何培养人、为谁培养人这个根本问题。如何激发学生内驱力，引导其深刻理解并接受社会主流思想，培养其担当新时代建设者和接班人的自觉，树立新时代青年的主体意识，是优化高校思想政治教育模式、提升育人实效的重要课题。

　　习近平总书记在全国高校思想政治工作会议上发表重要讲话时强调，做好高校思想政治工作，要因事而化、因时而进、因势而新。要遵循思想政治工作规律，遵循教书育人规律，遵循学生成长规律，不断提高工作能力和水平。近年来，各高校无论是在思想政治理论教育还是实践教育方面一直在遵循规律，探索创新，逐渐重视情感教育在大学生思想政治教育中的运用。情感教育以其充分尊重被教育者的主体地位，通过"共情、共理、共通"与学生建立多方位、全过程的情感联结等优势特点，在一定程度上弥补了"填鸭式""说教式"的传统思政教育的缺陷。然而由于制度体系设计尚未成熟，具体举措在普适性和可操作性上仍有所欠缺。同时，在新媒体和数字化的时代背景下，学生群体不断

呈现出新的特征，导致情感思政教育工作在实际推进过程中仍然面临着不少困难。因此，及时探索出一套行之有据又行之有效的思想政治教育模式，实现从"思政入脑"到"思政入心"，切实提升育人实效是各高校亟待解决的重要课题。

一、新媒体环境下情感教育应用于思想政治教育的必要性

（一）情感教育是实现传统思政育人模式转变的必然要求

1. 情感思政教育比传统思政教育具有效果融促性

情感是联通师生的重要纽带，情感教育是提升高校思想政治水平的重要法宝，在社会思想日趋多元化的新媒体时代，将情感教育方法有效地运用于高校思想政治教育中去更具必要性。

将情感教育融入传统的思想政治教育工作，要求思政教育主体的角色定位从单一向多元转变，工作职能从管理向服务转变，教育方式从科层式向平等式转变，育人途径从说教向全方位全过程为学生营造思想教育发展空间转变，进而做到与学生成为真心朋友。

习近平总书记在全国高校思想政治工作会议中强调，思想政治工作从根本上说是做人的工作，必须围绕学生、关照学生、服务学生，不断提高学生思想水平、政治觉悟、道德品质、文化素养，让学生成为德才兼备、全面发展的人才。传统思政教育模式以严格的"教练式"理论规范为主要教育内容，以对被教育者采取"科层式"的直接行为干预为主要管理方式，具有晦涩生硬的显性教育特点。相较传统思政教育模式而言，情感教育"以生为本"的思想教育理念，以思想政治教育主体的情感投入为核心、以受教育者的实际需求为标尺、以长期实施教育引导为关键、以建立情感联结为目标，因材施教，对症下药，真正走进学生心灵、解决学生需求，对学生进行心理层面的感化教育，从而在潜移默化中促进学生形成正确的价值观念和行为取向，帮助学生实现全面健康发展。

2. 情感思政教育是构建协同育人格局的必然要求

在推进"三全育人"和构建"大思政"格局背景下，高校思想政治教育主体的边界逐渐模糊，包括专业课教师、心理咨询中心等在内的各部门联动，协同乃至融合发展已成为新时代立德树人实践的必然趋势。思想政治教育主体的多方联动，有利于深入探析学生成长规律，探求学生实际需求，从而从学业、

心理、生涯等多方位、全过程、各领域帮助学生实现综合素质提升，从思想到行为引导学生正确认知、健康成长、全面发展，为实现学生自我管理、自我引导、自我服务、自我教育创造条件，为形成和谐稳定的校园氛围创造有利空间。

（二）情感思政教育符合当代大学生的成长需求

当下的在校大学生大多由"00后"群体组成，这一代大学生成长在经济全球化、科技信息化的时代背景下，具有鲜明独特的代际特征，主要表现为思想开放、追求个性化、有独立的思想意识和行为模式等。开展思想政治教育必须立足于学生实际，站在学生立场了解其思维方式及行为模式，探求其背后的深层逻辑，先做到"思政入脑"；而后通过整合各种资源，有针对性地调整育人方式，引导学生正确认识事物，全面看待问题，处理好内在需求同现实条件的矛盾冲突，进而从根本上解决学生的实际问题，助其知识更新、思维转型和能力提升，最终实现"思政入心"。

1. 契合学生代际特征

一方面，"00后"大学生出生于融媒体时代，便捷且多元化的信息获取渠道，使这一代大学生形成了更具特色的思想观念和个性化的价值追求；另一方面，"00后"大学生成长于中国努力实现第一个百年目标的历史背景下，小康社会的全面建成，日益向好的物质经济条件和自由的社会政治经济环境给予了这一代群体与生俱来的自信和自觉。特定的成长环境使其无论从自我发展还是对待外界事物方面都具备更加开阔的眼界、开放的思维和独立果敢的行动力。这些全新的代际特征给当下的思想政治教育提出了转变工作模式，强化情感引导内容的新要求。

网络在为人们提供信息互通便利的同时，其弊端隐患也显而易见。"00后"借助于互联网得以发展出广泛多样的兴趣爱好，接触多元化的思想观念，形成更加主张自由开放的社交需求，同时由于大学生社会经验不足，价值观念构建尚未完全成熟，研判能力有待发展，较易受到网络世界中消极负面思想文化的影响。面对从小追求个性化和多元化发展的大学生群体，传统的思想灌输式教育难以做到有效引导，基于对学生成长规律和个性特征的了解而有针对性地展开情感教育引导更能契合"00后"大学生的代际特征，产生教育实效。

2. 迎合学生情感需求

运用情感教育法开展思想政治教育工作，需要与学生群体在情感上产生共鸣，畅通沟通渠道。一方面，教育者可以通过新媒体平台及时地了解学生需求，尤其对于不善言辞的学生，通过网络可以减轻其对于人际交往的紧张或抵触情绪，消除沟通壁垒，初步建立情感联结后，便于进一步为学生提供指导和服务；另一方面，通过班级群组、网络社交软件、协同在线工作平台等渠道，教育者随时掌握学生动态，加强舆论引导，关注学生实际困难和需求。

3．配合解决实际困难

良好的情感联结是落实做细大学生思想政治教育工作的重要保证。在日常工作中，教育者需要遵循"情理－事理－法理"的工作逻辑，不断创新育人方式，调整育人路径，通过面谈、线上甚至书信等多元化渠道开展工作。方式方法因人而异，但其根本落脚点还在于打通师生观念壁垒，畅通沟通渠道，全方位了解并解决学生实际需求。

早前在学院范围内发布主题为"大学生对辅导员运用情感教育法进行思政教育的态度"的问卷调查，在分析后发现，大学生群体的主要困惑与思政教育需求领域包括学习、人生规划、求职就业、实习实践四个领域。

而在"更倾向于辅导员通过何种形式发布各类信息"这一问题中，绝大多数的学生更乐于通过微信群、QQ群、微信公众号等线上渠道进行高效便捷的信息传递和答疑解惑，也有少部分学生提出个性化、私人化的沟通互动需求，自主意愿明显。

（三）情感教育是新媒体背景下开展思政教育工作的内在要求

随着新媒体技术的不断普及和发展，微信、B站、腾讯会议等新兴媒介普遍应用于高校思想政治教育工作中。对高校辅导员来说，使用线上平台与学生交流的确可以提升日常管理工作效率，师生间的沟通交流也较为方便快捷。可以说新媒体技术为高校师生的情感交流和思想政治教育工作提供了前所未有的机遇，但与此同时，线上交流方式所存在的固有弊端也很明显。由于数字化空间的虚拟性和便捷性，更多需要公众的"自律"而非"他律"去共同营造积极健康的网络空间。隔着屏幕的双方在网络交流时往往倾向于有所保留甚至重构自我，这并不利于教育者准确把握学生的实际状态和需求，加之线上交流中表情化、个性化的信息传达方式也容易造成传受双方理解上的混淆，不能及时有效地收到对方反馈，这在一定程度上降低了人际交往的深度。若在思政教育中过度依赖便捷高效的新媒体技术，则容易造成师生之间的沟通和交流流于表面、情感疏远，无法获得对学生的深入了解，入脑入心的高质量思政教育就更是无从谈起。

因此，新媒体的普遍应用实际上对高校辅导员的思想政治教育提出了更高的要求，在充分利用新媒介便利的同时，更需要注重对学生情感的投入，探索出一条借助新媒体充分发挥情感教育效用的思政教育新模式。

二、新媒体背景下情感教育在高校思政教育工作中的实践应用

如何将思政教育做到学生心里，寻求学生情感共鸣，进而促使其完成道德素质提升，是高校思政教育工作始终面临的课题和难题。情感教育元素的融入推动了高校思政教育工作从行为管理到情感引导的模式转变，帮助学生"自我服务、自我教育、自我管理"，实现以思想约束行为的全面提升。

在工作实践中，思想政治教育主体（尤其是高校辅导员）通常通过运营例如微信公众号、B站、抖音等具有普适性的线上信息平台，不定期向学生推送主题多元、内容充实、操作性强、实用性高的信息。

在具体操作层面，思政教育主体要先通过问卷调查分析、典型案例分析等研究方法，将学生所面临的情感困惑和实际需求进行初步归纳研判，如通过上述主题问卷调查我们得知，当前学生面临的困惑大概分为学业生涯、职业生涯、人生规划三个方面，教育主体可据此有针对性地整合信息资源，并采取学生喜闻乐见的形式，激发学生沟通内动力，叩开学生情感大门，为学生提供高效且有针对性的答疑解惑、督促指导，进而从根本上解决学生问题。同时，通过在多媒体平台与学生沟通交流，推送信息，也可以快速便捷地为学生搭建起情感驿站和自我教育平台，可以对开展普适性教育引导起到积极正向的作用。

据上文调查问卷数据统计，绝大多数的学生认为通过微信公众号发布以上三类信息具有必要性，其内容是符合学生需求的切实有效的干货。一方面以一对一的形式对特定学生的特定问题展开及时、有针对性的指导，另一方面又借助网络载体，将所了解到的学生需求分门别类，进而分别推出相应的解答与指引方案，通过微信公众号、线上交流群、社交媒体平台动态等形式持续性更新与发布，使广大学生群体能及时按需获取相应的指导，有助于化解学生的问题。

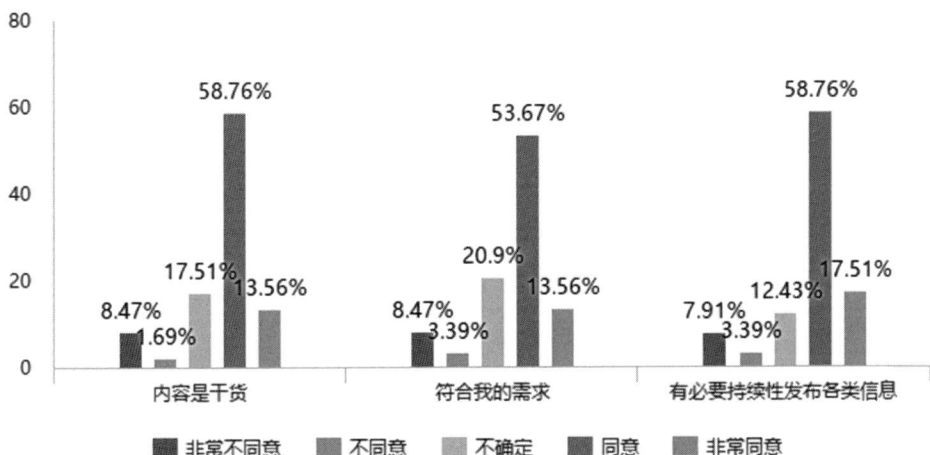

图 1：学生对通过微信公众号发布情感教育内容的评价

三、运用情感教育法进行思想政治教育的主要困境及优化路径

虽然目前运用情感教育法开展思政教育已有一定的实践基础，但在具体操作过程中，要深入推进情感教育，实现育人效能，仍需思政教育主体充分发挥自主意识，发现并反思实践中出现的问题，持续探索优化路径新思路。

（一）存在的问题

一方面，从情感教育主体意识来看，情感教育能否推进落实有赖于与学生群体之间的情感交流与互动，这种交流与互动不仅仅需要辅导员主动走近学生身边，更需要走进学生心灵，激发学生主动沟通意识，催生学生发展提升内动力。但从收集的调查数据显示，曾主动与辅导员进行情感交流的学生仅占14.69%，绝大多数的学生是被动接受，这至少体现出两方面的问题：一是学生群体与施教主体间的信任和情感联结尚未完全确立；二是在被动接受的交流中，学生的心扉敞开程度、配合的积极度都相对更低，沟通效果存疑。

另一方面，从情感教育主要内容来看，调查数据显示学生群体更倾向于以解决具体问题为导向的沟通交流，对于具有便捷性、可操作性、实用性的信息内容需求度较高，例如实习就业信息、校内外实践工作、应试求职技能等，而对于心灵鸡汤式的道理灌输等接受度较低。这实际反映出施教主体在进行情感教育时容易陷入的误区，即仅在师生沟通形式上加入情感互动元素，在教育内容上仍受传统思政教育固有思维和方式影响，更多的是观念、理论的直接传输，忽略学生的理解接受程度和解决实际问题的需求，导致情感教育陷入"形式主义"。

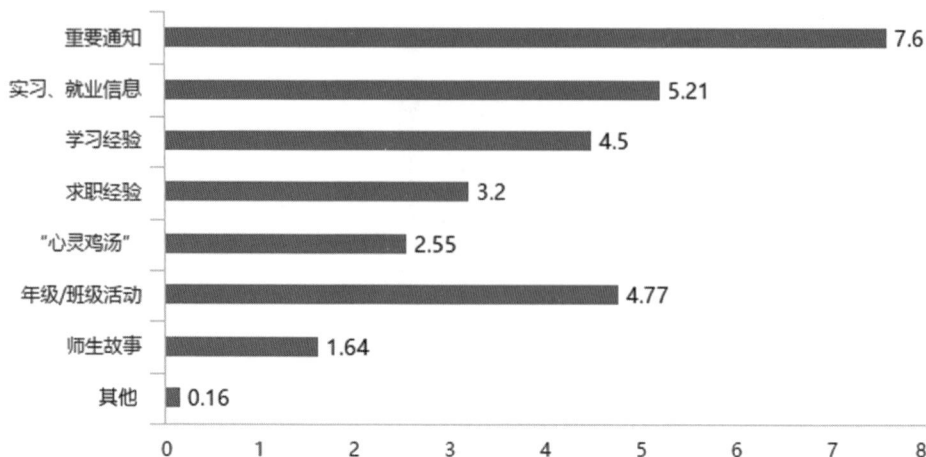

重要通知　　　　　　　　　　　　7.6
实习、就业信息　　　　　　5.21
学习经验　　　　　　4.5
求职经验　　　3.2
"心灵鸡汤"　2.55
年级/班级活动　　　　4.77
师生故事　1.64
其他　0.16

0　1　2　3　4　5　6　7　8

图 2：学生关注辅导员发布信息的类型排序

（二）优化的路径

1. 转变模式，协同发力

具体到工作实践来看，一是要求思政教育主体要摒弃"出现问题—解决问题"的单一思路，去主动发现学生问题，关联问题，注重收集学生的反馈信息，以探求其深层次的情感逻辑关系，真正将教育和服务有机融合，增强育人功能；二是遵循学生成长发展规律，整合高校针对学生开展管理和思想政治教育工作中的各类资源，尽可能消除教育主体之间、教育者和被教育者之间的沟通屏障和观念隔阂，加快建立互动互融的育人"同心圆"；三是整合教育终端，搭建互联网平台，全员联动，协同发力，打造一体化、一站式思政教育体系，切实提供快捷、高效的指导服务。

2. 立足主业，主体赋能

虽然学生群体主要倾向"以解决具体问题为目标的实质性、可操作性内容"的思政教育，但这并不意味着可以轻视对学生群体进行思想引领和观念构建。相反，正是由于学生的诉求在一定程度上彰显其个性鲜明、观念各异、重视现实的特点，才更需要施教主体在思政教育中加强正确的价值观教育引导。情感教育既要着眼于学生情感需求和实际困惑，提出有针对性和可行性的解决办法，又要深入探索学生思维逻辑，帮助学生树立正确三观，引导其以正确观念和合理方式应对未来可能出现的其他问题。

3. 融合媒介，对症施策

情感教育应始终把"以生为本"作为基本准则，在具体实践中，学生可能表现出配合度不高，积极性不强等情况，这说明当下的思政教育过程仍以施教主体的单向输出为主，师生的情感联结仍需强化，师生"信任圈"尚未完善。这就要求施教主体在情感教育中应首先强化信息服务意识，用互联网思维思考将传统思政教育优势与新媒体、新技术有机融合，持续探索新媒体环境下创新开展思政教育的实效性方法。具体到工作实践中，施教主体应及时学习并掌握一定的网络平台操作和信息技术技能，在学生集聚的网络文化社区用其喜闻乐见的语言视听方式潜移默化地传递教育观念，同时借助心理学、统计学、管理学等实证研究方法剖析情感教育在网络中的积极和消极因子，并有针对性提出预防和强化手段，以提升利用互联网思维开展情感教育的实际效能，进而提升情感教育在思政教育实践中的深度与广度。过程中，施教主体还应遵循学生的代际特征，尝试从学生的角度出发与学生"同理共情"，在充分倾听的基础上，引导学生主动表达，分析问题、对症施策。

4. 完善制度，优化体系

优化体系设置，完善制度结构，是指导高校思政教育实践工作有序、有力的纵深推进，有计划、分步骤的开展落实，最终实现高校思政教育效能最大化的基础。一套具有科学性和系统性的顶层设计，不仅要从组织结构、评估反馈、制度规范等各方面进行系统性优化，还需充分发挥学科间的联动效应，促进教育与服务共同渗透，助力学生全面发展。特别是新冠病毒防控时期，高校管理问题日益突显，新媒体在高校思政教育工作中的运用需求明显增强，这为新型高等教育制度改革提出了包括情感关怀、心理关注、网络监管、创新课堂教学形式等内容的新要求。传统制度不尽合理，现有制度不尽完善，新老制度交替衔接不畅，也与学生日益增长的多样化、个性化需求明显冲突，对象认同度不高、参与性不强的境遇亟待改善。

参考文献：

[1]邢鹏飞.新中国成立70年来大学生思想政治观念代际特征及教育发展趋向研究[J].中国矿业大学学报(社会科学版)，2019，21(05)：28-40.

[2]王莉，姜佩佳.情感教育在高校思想政治理论课中的实践探索[J].课程教育研究，2019(50)：62.

[3]康昕.情感教育在高校辅导员思想政治教育中的应用研究[J].求知导刊，2015(13)：18-19.

[4]樊国梁.交往型思想政治教育在高校辅导员工作中的运用研究[D].江西理工大学，2013.

[5]汪小芸.大学生思想政治教育——情感教育研究[J].开封教育学院学报，2019，39(03)：187-188.

[6]2016年12月7日至8日，习近平在全国高校思想政治工作会议上的讲话精神.

[7]杨小磊，李保英.高校学生工作体系的系统构建与整体优化[J].系统科学学报，2017（01）：81.

"网暴"时代　法律先行

——后疫情时期大学生网络法治教育工作再思考

网络空间法治建设是我国当前法治化建设进程中的重要一环，公众是否具有较强的网络安全意识和法律意识，不仅彰显着国民的网络修养和文化素养，还在一定程度上影响着我国法治建设进程。当今的大学生作为信息爆炸时代的生力军，其思想触角通过各种媒介伸展到了社会的各个角落。大量的信息、丰富的资讯充斥着他们的生活，在网络上获取信息的同时，他们还建立了极具个性化的网络人际关系。虽然虚拟世界在一定程度上妨碍了同学之间的现实交流，但不可否认是，学生在虚拟世界中扩大了视野、丰富了知识。也正是由于网络人格的相对独立性和网络行为的相对自由性，使得网络成为一把双刃剑，让大学生在便捷网上冲浪的同时，可能受到误导甚至伤害，可以说，网络在给大学生呈现一幅美好画面的同时，背后也暗流涌动暗礁密布。大学生没有足够的警惕心和较高的辨别能力，很容易在网络中迷失自我，陷入危机。通过对大学生开展网络法治教育，可以帮助其提高网络安全意识和法律意识，引导其合理利用网络资源，在高校营造守法、重法的绿色网络氛围，将有利于筑牢高校网络安全防线，减少由于缺乏法律意识而造成的网络安全事件，实现高校网络管理法治化，从而促进学生全面发展，最终实现高校育人目标。

一、大学生网络行为现状调查

（一）复学返校后常态化疫情管理工作的网络舆情案例

对疫情防控期间长期居家隔离，已习惯居家学习生活状态的部分学生来说，其复学的心理较为复杂，不免有消极情绪，少数学生甚至因此在网络上公开散布不良情绪和言论。一方面，这样"带动消极节奏"容易造成大学生负面情绪大面积快速传播，尤其在信息不对等的情况下，更容易因为误解和谣传引起网络舆情。另一方面，抵触心态和消极心理的相互影响，会导致学生对高校复学工作要求的误读和反感，不利于复学后常态化疫情防控工作的开展。有些高校在开学后还要进行换舍区、校园分流管理、专业调整等工作，学生本身即存在情绪不甚稳定的情况，环境的变化也会进一步加重学生心理压力。如何做好复学返校学生的心理健康教育和网络安全教育，全方位地关注学生的身心状态，引导学生合理纾解情绪，助力疫情防控是当前高校学生管理工作仍旧需要思考和解决的重大课题。

疫情防控期间出现的典型网络违法案例：被"社会性死亡"的受害者们

2020 年 12 月，成都某确诊女孩的个人信息遭受泄露，在网络上被人疯传。在各种议论、谣言和污名化的压力之下，女孩终于不堪网络和舆论压力，发文致歉。如果说扩散她在确诊之前的行程轨迹，是由于公众对疫情的恐惧导致的非理性行为，那么跟风传播她的个人隐私，因为对疾病的恐惧而去迁怒诋毁无辜病患，传播焦虑戾气，则是实实在在地触犯法律原则和道德底线。2022 年 1 月，一名天津返大连感染新冠病毒的学生因个人流调信息泄露遭"传谣性网暴"一事再次引发广泛关注。自疫情暴发以来，该类事件层出不穷，其中无不充斥着带有审判意味的污名化再塑造，"开局一张图，其余全靠编""吃人血馒头"，网络舆论次生灾害的杀伤力更甚于疫情。尤其当人们目睹了因个人流调信息泄露可能面临的遭遇后，难免会有人"铤而走险"对自己的情况隐瞒不报，从而抬高公众配合流调的心理门槛，最终影响疫情防控整体工作。

（二）现状调查

中南财经政法大学的学生曾经自发做过一项关于"大学生网络侵权现象的调查研究"，调查结果显示：通过使用、转载他人作品，PS 照片，网上视频恶搞、人肉搜索、篡改个人信息、传播个人隐私等形式产生的网络侵权活动占据着大学生近一半精力的网络生活，令当事人的身心受到极大伤害，正常生活受到毁灭性影响，个人名誉也受到了很大程度的打击。更加让人担心的是很大一部分大学生认为这样的行为仅仅是娱乐行为，对别人不会造成太大的影响。这样的大众心态可能导致的直接后果就是大学生轻视网络侵权可能给自己或者他人带来的伤害，最终导致网络侵权行为的进一步扩大，从而使得监管的难度变得更大。

二、开展大学生网络法治教育工作的必要性

疫情防控期间，由于人们对未知疾病的恐惧，讹言谣言频出，且传播速度快，传播范围广，给本就紧张的抗疫环境又增加了新的社会心理负担，造成一定的恐慌。更有甚者利用网民法律意识淡薄、信息获取渠道不对等的劣势，通过网络误导公众，激化矛盾，挑起事端。如果没有一定的法律规范约束，将不利于疫情防控整体工作的推进以及社会的长治久安。同时，疫情居家隔离期间，为保证教学工作正常开展，高校教学方式从线下调整为线上，复学后也在特定情形下延续线上和线下相结合的模式。社会的不断发展变化，直接影响人们的思想状态和行为方式，借助网络技术突破传统法治教育模式的限制，拓宽法律知识传播渠道，针对大学生开展法治教育，具有十分重要而紧迫的现实意义。

（一）有利于高校网络空间法治建设

网络法治化建设是发展社会主义市场经济的客观需要，是依法治国的重要组成部分，是我国建设成为网络强国的重要保障，任何组织和个人都不得有超越法律的特权。习近平总书记在 2020 年 11 月中央全面依法治国工作会议上强调，坚定不移走中国特色社会主义法治道路，为全面建设社会主义现代化国家提供有力法治保障。要想推进高校网络法治化建设，就必须从把握时代发展新规律出发，立足大学生成才成长特点，积极调整大学生法治教育方式方法，牢固树立法治在大学生心中的权威，使其自觉地认同和崇尚法律，从而更好地增强大学生法律意识、规范大学生网络行为，营造绿色有序的高校互联网环境。

网络空间绝不是一个无规则秩序、无限制自由的"法外之地"。当今社会正处于网络经济时代，信息正以前所未有的速度膨胀，融入人们生活的方方面面，深刻影响着人们的生活生产方式和社会发展。网络支付、网络购物、网络冲浪……网络空间与现实生活已逐步融合，成为社会角色、人际关系、生产方式的延伸生存空间。但信息网络在给我们的生活带来便利和发展机遇的同时，也带来了严峻的挑战，比如网络暴力、网络诈骗等很容易引发社会矛盾，甚至会因为一系列连锁反应引发社会动荡，危害社会公共安全。网络具有的自创性和自由性特点，如果不在法律之下、道德之上加以规制和保护，是非常容易迅速扩散发酵，沦为网络安全事件的滋生温床，从而对我国的社会发展和文化秩序造成严重冲击。大学生作为网民的主力军，他们的生活、学习等各种社会活动基本是围绕着网络展开，其基本社会关系也是基于网络建立起来。虚拟的世界

与真实社会的现实的界限对于大学生而言已经越来越模糊。所以，采取积极有效的措施大力推进高校网络法治教育和规范，保障高校网络空间的良好秩序和健康发展，是构建社会主义和谐社会和实现高校培养目标的迫切需要。

（二）有利于规范大学生网络行为

随着全媒体融合时代的到来，网络媒介的更新层出不穷，微博、微信、各类短视频平台等成了大学生主要的学习交流和获取信息的渠道。但网络空间的匿名性、私密性也使部分人模糊了社会责任边界，键盘侠、网络暴力、网传谣言等不负责任的言行层出不穷，挑战着社会道德底线和网络法律秩序。

大学生正处在心理和生理的发育成熟期，从心理上，他们具有强烈的想要获得他人和社会认可的需求，从行为上，他们喜欢用批判的、怀疑的眼光看待周围事物，极力想摆脱来自外界的干涉和约束，独立自主意识愈来愈强，在一定程度上削弱了对大学生以灌输为主的法治教育效果。同时，大学生个人的三观尚未完全成熟，对错综复杂的社会关系还缺乏完全认知辨别的能力，使得他们急于自我证明的心态很容易被诈骗团伙利用和误导。另外，面对着学业、人际、情感、亲子等多重压力，一些心理脆弱的学生会感到无所适从，甚至部分学生会因为功利性、自我性、焦虑性等消极心理状态重叠交织，主观上会对法律、社会制度产生一定的心理抵触。在多重因素的影响下，大学生很容易被迷乱心智，尤其在相对自由的网络环境下，更容易因缺乏自我约束和法律意识做出不当言行，引发舆论舆情，甚至造成一定法律后果。所以，加强网络法治教育，完善网络管理和保护，依法规范大学生网络行为，是推进高校网络空间法治化建设的重大任务。

（三）有利于增强大学生法律意识

法律意识淡薄、法律观念模糊、法律素养不足是当代大学生法治教育工作中存在的主要问题。大学生对于法律普遍存在一种误解，认为只要自己不犯法，那么法律就跟自己没有关系，学不学也就无所谓。这种观念一旦形成，并作为日常行为的指导原则，很容易导致其网络言行失当，从而扰乱高校网络安全秩序。大学生作为未来社会发展的中坚力量，各行各业的中流砥柱，其法律素养的高低、法治观念的强弱、法治教育效果是为国家培养高素质法制管理队伍的需要，是整个社会守法程度的体现，也将直接影响着国家依法治国方针政策的落实落地。而通过网络途径，利用大学生更加容易和乐于接受的网络教育引导方式，将有利于加强法律在规范高校大学生网络行为中的作用，引导大学生树立对社会主义核心价值观的认同，从而切实增强大学生自觉懂法守法的法律意识。

三、在高校开展网络法治教育工作的途径探索

传统的高校法治通常采用课堂教学、讲座交流等形式开展，大学生基本处于被动接受的状态，学习法律知识的主动性较低，接受时间相对较长。在网络时代，通过大学生熟悉并乐于接受的形式多样的网络平台，将单向强制性的"灌输式"法治教育转变为互动平等性的"开放式"法律普及，以较小的成本投入获得较大的教育效果，同时趣味性和接纳性增强，将极大程度地提高高校法治教育工作的实效。

（一）发挥网络优势，转变高校传统教学模式

为了更好地以法治网，以法治学，进一步增强大学生的法律意识，在高校法治教育工作中须充分利用网络优势，升级课堂教学模式。首先，高校教师须与时俱进，及时提升自身网络素养，了解并善于利用丰富多样的网络软件和平台整合教学资源，安排教学内容，升级教学方式，从而在高校建立一支高素质、高水平的网络法治教学队伍，为高校大学生法治教育提供过硬技术支持和师资力量。其次，适当加大公共法律课程的覆盖面，增强法治教学的力度。法律条文比较晦涩难懂，对非法学专业的学生来说更是如此，特别是疫情防控期间网络安全案件频发，网络诈骗形式多变，高校普法教育面临着紧迫且严峻的考验。法律基础课的教学可以在一定程度上为大学生普及法律常识，扫除法律盲区，增强法律意识。通过网络视频分析、平台案例教学方法，向学生详尽分析其中的法律法规以及法理精髓，提高学生对法律的理解能力，以对案例的分析讲解无形中丰富学生们的法律常识，以更加生动具体的形式让学生吸收法律知识，潜移默化地提高法律素养。

（二）结合大学生实际需求，建立网络法治教育平台

课堂教学侧重于理论教授和基础讲解，而法律本身是一门实践性很强的学科，大学生只有通过一定的法律实践，才能更透彻地理解法律理论，从而精准高效地将法律运用于实际生活，最终在实践中促进法律意识的形成和巩固。而网络作为大学生日常学习交流最常用的空间，不易受到空间、地域、时间等因素的影响，也更容易实现全球范围内的资源共享和信息传播，比如疫情居家隔

离期间，互联网的使用频率和需求量有了空前的增长。通过充分的前期调研，针对不同的专业、年级等需求群体，建立形式多样，主题新颖，兼具交流互动、法律咨询、专题讨论等功能，同时提供法律文本写作、法律实践指导、具体案例咨询、法律知识答疑等服务的综合性网络法律学习交流平台，最大限度地调动大学生学法、用法、守法的积极性，从而提升高校法治教育工作的实效性。

（三）发挥朋辈作用，搭建高校网络法治化教育桥梁

在高校中，学生组织和朋辈代表对于学生们的号召力和影响力不容小觑。从一定程度上讲，这些学生代表是否具备良好的法律素养和较强的法律意识，直接彰显出大学生法治教育的效果。同时，大学生群体更容易接受掌握最新网络技术，也更擅长利用网络作为信息传播手段。开展高校网络法治教育工作，可以通过充分发挥大学生朋辈引领作用和示范效应，搭建出师生、家校、学社的网络法治化教育和监督桥梁，从而实现大学生自我教育、自我服务、自我管理的教育目标。一方面，大学生朋辈代表可以从自身对法律至上等法律理念有着主动认同的模范带头作用出发，通过网络宣传和线上互助，在为同学们服务的过程中帮助同学树立有法可依、有法必依的法律意识；另一方面，同龄人之间沟通和交流起来更为平等，阻碍较少，尤其是网络具有私密性和隐匿性的特点，通过学生自我管理和服务也可以更快发现大学生的思想波动和异常情况，第一时间进行反馈和干预，从而为协助做好高校日常网络监管提供客观的条件。从这个角度来看，充分调动发挥出学生朋辈代表的桥梁作用，对于学校加强网络法治化教育有着举足轻重的作用。

（四）拓宽网宣途径，开展网络法治文化建设

要坚持把高校网络法治教育工作作为高校网络空间法治化建设的基础性工作，拓展网络宣传形式，引导大学生自觉主动地学法、守法、用法，就要加大网络法治宣传的力度，拓宽网络宣传的途径，以大学生更容易理解和接受的形式，比如制作普法短视频、专家微课堂、文化艺术表演等网络法治文化作品，激发起大学生内心共鸣，增强网络宣传的影响力和渗透力，提升以法治网的力度，引导大学生从内心认同法律、自觉遵守法律，最终形成共同维护网络秩序的良好局面。

后疫情时代的大学生系统化思政工作内涵探究

　　高校思政教育工作作为高校建设的"生命线"，要始终遵循育人规律，遵循学生成长规律，遵循社会发展规律。精准研判和把握社会实际，精准推进和落实育人工程，是推动高校思政工作创新发展的必然要求。习近平总书记指出，思想政治工作从根本上说是做人的工作，必须围绕学生、关照学生、服务学生，不断提高学生思想水平、政治觉悟、道德品质、文化素养，让学生成为德才兼备、全面发展的人才。当前要做好高校学生思政教育工作，就必须以"时、事、势"的实际成果和丰富事实，引导学生从自身体验出发，外化于行，内化于心，发自内心地去感知、认可、接受社会主义优越性，从而积极参与我国社会主义建设伟大事业。具体到工作实践，施教者应准确把握大学生的实际需求，并从安全、责任、实践、劳动、情感教育等方面形成系统化思政教育工作模式，全方位多角度地让学生经磨炼、受教育、长才干、做贡献，以实践增经历，以经历促成长。

　　尤其是在疫情发展形势尚不稳定，大学生仍需从身心各方面接受后疫情时代的各种考验。因此，在后疫情时代高校大学生思政教育工作中，辅导员要紧跟外部形势，严格工作要求，灵活采取线上线下相结合的形式，创新开展教导、引导、疏导等工作，同时要提前做好各种应急情况预案准备和应对技能培训等，培养引导学生具备较高的思想道德素质、过硬的科学文化素质、健康的身心健康素质等，实现综合能力提升，对于大学生适应即将面临的全新社会环境具有重要的影响。

一、系统化思政教育工作的含义

　　外部环境的复杂性与思想教育的迫切性要求高校辅导员在开展思想政治工作时，要遵循"一个底线、灵活应变、综合教育、全面引导"的原则，强青年之魄，立青年之德。传统的思政教育更加注重理论知识的传授，具有自上而下的单一性特点，而随着新媒体网络技术的迅猛发展，大学生在夯实专业基础的同时必须具备较强的专业综合能力，才能更好地应对瞬息万变的社会发展。这就要求高校不断更新教育理念，调整教育方法，通过建立系统化思政教育工作模式，从安全、责任、实践、劳动、情感教育等方面入手，加强对学生自学、思维、实践、表达等综合智能的培养引导，实现从培养人到培养人才的教育实效提升。

（一）安全教育

安全、平稳是常态化疫情防控工作的基本要求，也是在特殊背景下开展思想政治教育工作的重中之重。只有保证大学生有安全有序的学习生活条件，才能为后期开展思想政治教育工作奠定基础。自疫情防控期间高校返校复学以来，各高校严格按照有关复学工作要求和常态化疫情防控工作要求，在实践中总结经验，逐步形成并完善校园防疫工作机制，比如组成返校工作领导小组部署安排学生错峰返校、个人卫生防护、打包整理等工作，举全校全院之力，联防联动、群策群力，辅导员更应因人而异，精准施策，"多途径、多角度、多层次"地对学生进行安全教育。通过整理分享复学返校温馨提示和指南、返校前开展主题云班会、各学生工作群组实时提醒、各类疫情防控政策及文件的分享教育等，对学生进行健康、交通、消防等综合安全教育，助力学生平安返校，顺利安家。

同时，对于后疫情形势下大学生可能出现的理想信念动摇、网络舆情等安全状况，怠战、怠学等心理问题，以预防为主，兼防兼治的原则，提前制定预案，在发现问题时第一时间启动应急程序，及时处理，确保"无死角、无滞后、无隐患"地为学生拥有平安健康的成长成才保驾护航。

（二）责任教育

没有规矩不成方圆，现实生活中没有绝对的自由，也没有无限的权利，其根本就在于人们心中的责任边界。

新时代青年想要担当大任，就须培养正确的责任意识。辅导员除了做好日常理想信念教育之外，还要充分调动学生干部和学生本人的积极性，明确责任范畴，提升责任意识，锻炼责任担当，将"自我教育、自我管理、自我服务"贯穿于责任教育的始终。

在实践工作中，学生的点滴成长和榜样力量无时无刻不在感动着你我：学生干部们在工作过程中也充分发挥着骨干榜样力量，按照分工履职尽责，按部就班。在复杂工作局面和繁重工作量下，能理性应对，冷静处理，做好精力和时间管理，保证工作效率，实属不易；同学之间也能相互理解配合，包容体谅，齐心共渡，共克时艰。我们时常看到班委们奔波同学间为大家服务的身影，一个个单薄的肩膀，一个个青涩的身躯，竟蕴含着如此巨大的能量，携着纸笔逐个寝室做记录，解疑问；给中暑的同学送药品，表关怀……他们的付出既是为同窗负责，更是为自己的成长负责。虽然过程中大家的脚步偶有蹒跚，处事稍显稚嫩，但那又有什么关系？就算是出错，同样也是种历练，只要有心去斩成长路上的荆棘，世界都会为我们让路！

（三）实践教育

凡事预则立，不预则废。

新时代青年要有责任有担当，就必须从生活中学习，在实践中成长。

从归途到落脚，从打包到转运，整个实践过程无不考验着学生们的时间精力管理能力、组织协调能力，甚至是突发事件的预案和应对能力等。现实告诉我们，只有走出象牙塔，跳出舒适圈，我们才能切身感受到现实和理想的差距、理论和行动的不同，从而打破思维桎梏，完善行为模式，在自律、自强、自立中实现自我蜕变。

在 2020 年疫情防控期间的 8 个月假期和居家学习中，辅导员及时调整工作重点和方式，有针对性地引导思想派的学生趁机重新规划生涯，帮助行动派的学生加快社会实践的步伐。无论出发点在哪，我们最终的落脚点都在"实践"上。所以，无论是疫情防控期间对一线战疫人员子女的线上辅导，还是加入社会服务的大军，抑或通过暑假积极通过理论指导实践，再通过实践升华理论……殊途同归的实践教育，为三年后学生的破茧成蝶积累着点滴能量。

（四）劳动教育

"伟大的成绩和辛勤劳动是成正比例的，有一分劳动就有一分收获，日积月累，从少到多，奇迹就可以创造出来。"（鲁迅）

不劳而获的人生是幻想，唾手可得的幸福不久长。人们日益提高的物质生活水平给我们带来了幸福感，也给惰性提供了滋生的温床。在家里时，我们谁还不是"小公主""小王子"，可一旦走出父母的羽翼，我们就必须学会自力更生，顽强成长。

在日常工作中，辅导员通过一次次谈心谈话、一场场培训，"视频讲解＋现场演示＋查漏补缺＋总结纠错"车轮式轰炸，引导学生通过劳动整理打包，返校复学，锻炼学生体魄，磨炼学生意志，为日后更好地工作，服务社会打下良好的身体基础。同时，通过组织班委建立一对一关注台账，培养了学生干部的团队意识和安全意识。

（五）情感教育

在不断提倡解放思想、发挥生命个体自由意志的教育环境下，高校注重从更加有利于学生个性发展的角度开展思想政治教育，而以学生为本的情感教育方法正是其中的一种有效模式探索。不论是基于人类的情感特征，还是在完善人格和健全心理等方面，情感教育作为沟通学校和学生的重要纽带，有利于实现师生之间的互动，从而推进高校思想政治教育水平的提高。

在返校复学工作中，尤其是领取发放抗疫物资时，辅导员注重引导学生们，尤其是学生干部之间相互理解共同分享、帮助返校延迟学生进行行李打包、帮助女生捆扎行李突显男友力……一帧帧画面绘就了同窗的情感曲线。当然特殊的外部环境也带来了诸多限制，包括物资短缺，体力精力受制等。高强度复杂度的工作考验着学生的意志和体力，但这个过程中困难也凝聚了人心，增进了情感，同时学生们在团队合作和劳动实践中形成了"四互"意识（互帮忙、互理解、互分享、互服务），这是在课堂教学中较难实现的。

二、路径探索

大多常见的社会系统都是由若干相互作用的若干组成部分，通过有机结合而形成的，是有一定功能性的整体。

（一）加强沟通，缩小师生之间的距离

"00后"学生是具有很强自主意识的群体，他们自立自强，不愿向不熟悉的人吐露自己的心声；有较强的叛逆心理，不愿受老师管束。因此，辅导员在开展工作时要转变自己身份，努力成为学生的朋友，而不是他们的约束者，在日常交流中洞察学生动态和需求，在不良事件发生前主动监测与预警，及早发现，及早处理，以亦师亦友的身份掌握主动权，将学生引向正途。

（二）朋辈引导，发挥榜样的作用

校园生活的普遍问题是学生与老师之间的隔阂问题，尤其是"00后"大学生这一更注重独立与自主意识的群体，他们与同学、朋友的关系更亲密，遇事第一时间联系同学，而不是老师。针对此特点，可充分调动班委工作积极性，发挥他们的主观能动性，以身作则地传播政治安全性思想，通过开展班会等活动，帮助学生塑造正确的三观，防患于未然；学院老师也应利用微博、微信等网络平台，及时传播先进事迹，在学生中塑造一批先进榜样人物，为其设置学习目标，保证学生人生道路不偏离正常路线。

（三）加强思想政治宣传教育

提高学生辨别是非能力。非法组织往往披着合法马甲，以志愿、就业等障眼法来蒙骗善良无知的学生。学院老师应加强宣传教育，定期向学生普及官方发布的各类非法组织名称和非法组织在宣传过程中的惯用伎俩；同时还应该定期加强思想政治教育和心理健康教育，使学生可以正确认识客观世界和主观世界，正确处理主客观关系。将学生的精神文明建设与反非法组织建设相结合，帮助大学生树立正确的马克思主义信念、中国特色社会主义理论信仰，开展丰富多彩的文娱活动，将思想政治教育融入学生生活，营造有利于学生成长成才的良好环境，不给形形色色的非法组织任何可乘之机。

（四）加强法治教育，增强法治理念

辅导员要先做好政策了解，扎实理论基础，同时有选择地将各种法律法规传播给学生，使学生清楚了解什么不可为，明白法律的威严与公平性。身为成年人，学生们需要为自己的行为负责，也要承担相应的刑事责任。大学生需要知法、守法、懂法，积极同违法犯罪行为作斗争。

大学生生涯规划中"三商""四力"培养途径研究

近几年，受疫情防控等因素的影响，高校毕就业工作形势日趋严峻，高端人才职场竞争愈发激烈。与此同时，受外界复杂环境和个人内驱力不足的双重影响，相当一部分毕业生呈现出了"慢就业""懒就业"状态。在这样的情况下，尽早且高效地开展大学生职业生涯规划指导，帮助学生找准个人定位，明确发展方向，实现个人能力提升，为进入社会做好准备便显得更为重要。其中，对大学生进行"三商""四力"的培养作为高校生涯指导工作中的重要环节，是帮助大学生正确认识自我，促使其实现自我价值的有效途径，也是每个高校生涯指导老师当下的工作难点和重点。"交心生涯指导工作室"作为一线辅导员有针对性地开展生涯规划指导工作的新媒体平台，立足于当代学生代际特点，结合学生实际情况，通过"面对面访谈""一对一定制""问卷调查"等形式，从大学生在生涯规划方面进行"自我教育、自我服务、自我管理、自我监督"面临的实际困难和疑惑入手，有针对性地开展教育指导，并在实践工作案例基础上，研究探讨相关工作开展途径。

案例背景：

"三商""四力"双管齐下，助困惑学生求职成功落地

冯同学来"交心生涯指导工作室"求助时自述其有意进入本专业相关的行业发展，并想要尽早找到符合其职业规划的职业岗位，但由于对简历制作技巧知之甚少，因此在设计简历时十分茫然，只能把自己当初竞聘学生会某干部的竞聘表投过去，石沉大海的结果可想而知，该同学也因此产生严重自我怀疑的消极情绪，丧失再次尝试的信心。

工作室生涯指导老师在了解该生的困惑和需求之后，从肯定该生具有较高的"三商"优势入手，先帮助该生提升挫商，重建自信，继而有针对性地具体指导该生如何充分发挥"四力"功效，在求职大军中脱颖而出。该生在咨询后

按照老师指导意见做出调整后，于次月再投简历并顺利通过三重关卡，成功杀出重围，将心目中的工作职位收入囊中。

一、大学生生涯规划中"三商""四力"的含义

在个人综合能力当中，"三商"通常指的是在个人成长发展过程中逐渐形成的，需要通过自我觉知去努力克服性格瓶颈，从而使个人性格均衡发展的能力，一般包括智商、情商和逆商。个人性格不仅受后天因素影响，也受到先天条件制约，所以在个人性格基础上形成的"三商"具有相对稳定性，也因此较难突破。而相对于"三商"而言，"四力"更容易通过个体经历和习得性体验得到培养和强化，所以引导学生在学习生活过程中有意识地进行个人行动力、统筹规划力、自我管理力、创新思维力的"四力"培养，可以帮助学生较快实现未来职场中自我胜任力的提升和完善。

（一）"三商"的具体含义

智商，作为衡量个人智力高低的重要标准，主要反映个人的认知、思维、观察、表达、计算等理性能力，因其更多地受到遗传、饮食、环境，甚至是体重等客观因素的影响，所以在生活条件日趋完善，优生优育政策实行几代的现如今，对于普遍大学生而言，智商基本可以算是无差异化的评价标准，大多数学生的起点无异，只是术业专攻有别，此处不做赘述。

情商，作为反映个人感知、调节和控制自我情绪、协调和应对与他人情感关系的能力标准之一，在日常生活中一般先于智商发生效用，尤其当人们遇到可能激起较强烈情绪波动的情况时，情感往往会先于理智促使人做出反应。举个例子，当被人打了一拳，我们的第一反应可能不是去理智地思考别人为什么打你，或者怎么冷静下来才能引导事态往好的方向发展，而是会第一时间条件反射地想要一拳打回去。所以相对于智商而言，感知体会、同理共情、情绪管理等情商相关因素更容易左右个人心智和事态发展的方向。在实际生活中我们会经常看到，那些看似智商不是特别突出但情商表现较好的人，虽然在反应力和学习力等方面表现平平，但却取得了较高个人成就。因为情商高的人懂得如何把握和调节个人情感，善于处理人际关系，这样的人无论在学习生活中还是处于职场管理位置，都会给人"如沐春风"的感觉。所以，在我们很难改变个人先天条件时，可通过情商自我训练的习得，比如适时调整内心期待和心理界限、尝试不同的处世方式以开阔心胸拓宽视野、在生活中找一个正能量伙伴作

为自律或者他律的榜样等，会在一定程度上帮助我们尽快适应环境变化、应对身份改变、调整个人状态，从而实现在未来职业生涯中平稳起步。

逆商，一般指的是人们应对困难，摆脱困境，走出逆境的能力，从严格意义上说，逆商也是情商的一种，但相较于情商而言逆商因其特殊性导致其在个人生活中起到特殊作用。在智商、情商同他人相差不大的情况下，是否拥有较高的挫商从一定程度上决定着个人发展方向和上升趋势。当代大学生一方面具有思想独立、创造力强适应性好，另一方面，他们也的确承受着包括学业压力、生涯困惑、适应环境等多方面的压力。同时，初入社会的大学毕业生通常较为缺乏社会生活经验，所以在面对困境和压力时，更易受消极负面情绪的影响，从而做出错误判断和行为，甚至有的会走极端或可能失去理智，整体呈现出的抗挫能力与自我调适能力较差。逆商的不足不仅影响个人心智的成长，使人格的完善受到抑制，还会影响智能的发挥、潜能的挖掘、综合能力的培养等。与情商相似，逆商也可以通过一定的习得性训练获得。通过积极有效的逆商培养、抗挫训练等，可以帮助大学生形成在面对逆境时保持理性思维，合理化应对反应。

（二）"四力"的具体含义

本文所探讨的"四力"主要是指个人行动力、统筹规划力、自我管理力、创新思维力。在实际生活中，"四力"相辅相成，共同作用于学生综合能力培养和个人核心竞争力提升，结合工作案例来看。

A生在补选班委之前，一直以被服务者的立场看待班级事务管理工作，对于班委的工作有时会抱着"这是你应该做的，你就该承受""这工作很容易啊，哪有那么难"等心态。但当自己从"被服务者"变成了"服务者"，身份的转变不仅给A生带来全新的工作体验，更使其心态也发生了转变。

看花容易绣花难，仰望星空容易，脚踏实地难。在未经亲身实践之前，人们有时很难有透过现象去思考本质的自觉意识。对存在生涯迷茫，职业困惑的学生而言，其个人能力较之他人可能没有较大差距，只是尚未明确个人生涯发展方向，从而导致个人成长进展缓慢，甚至消极逃避。此时引导学生尽快找准个人定位，调整方式方法，有针对性地做好中短期规划，并尽快投入实习实践，是帮助其提升"四力"最直接有效的途径，比如：先认知并理解任务性质和要求，进而根据轻重缓急前后主次做好梳理规划，做好前期分析调研准备。组建团队并明确分工，分解任务，做好时间精力管理，有序推进任务进程。在实践过程中及时分析形势，优化路径，调整思路，总结经验，为下一步任务的推进或开展同类工作做新一轮准备。通过实操形成一定的行为模式和处事原则，最终实现职场自我胜任力的提升。

二、培养"三商""四力"的重要性

通过对部分大学毕业生的职场现状了解，在个人条件差距不明显的情况下，智商和情商可能决定一个人能走多久，而逆商决定一个人能走多高。大学毕业生能否在职场中实现个人价值，不仅取决于是否具有强烈的自我提升意识，娴熟的专业技能和卓越的管理才能，同样取决于其面对挫折、摆脱困境和突破自我的能力。在对学生进行具体生涯指导的实践过程可以发现，那些实习实践经历丰富、科研获奖表现突出等综合能力发展均衡的学生，在跟老师交流时基本可以做到思路清晰、谈吐大方、目标明确、规划翔实，在自我认知、自我规划、自我控制、自我归属等方面也有明显的优势。这些优秀的"四力"表现，与学生在自我提升过程中得到的锻炼积累息息相关，更是学生内在具备的强大"三商"品质的外化呈现。

因此，在大学生生涯规划指导工作中，应该把大学生的逆商培养作为重要着力点，积极开展有针对性的指导训练，助其形成在面对困境时具备一定的思维模式，应变能力和较强的意志力，从而提高大学生求职创业的成功率。

三、"三商""四力"培养途径

（一）溯本求源，重视规划力

"00后"的大学生大多具有很强的自主意识，他们有鲜明的职业生涯性格，但是更多时候，却不能主动并合理地做出自我生涯定位和规划，这就需要生涯指导老师在工作的过程中转变服务者身份，调整方式方法，主动出击，点面结合，通过生涯专题培训、一对一私人化定制、绘制个人生涯性格图、写逆境行为反应日记等多种学生喜闻乐见的方式，充分激发学生的沟通欲望，调动学生的生涯规划执行力，帮助学生绘制生涯导航图，帮助同学们明确生涯方向，调整心态状态，做好全面准备。

（二）知行合一，激发内驱力

在毕就业形势日趋严峻的当下，很多高校开设了与生涯规划、就业技能、形势分析等相关的课程和讲座，为学生们提供针对性专业化的指导服务。同时，生涯指导老师也需要创新工作方法，结合新媒体技术，利用融媒体平台，引导学生建立"欣赏视角"，帮助学生增强应对逆境的察觉延伸能力、应对分析能力、控制调整能力等，充分激发学生自我提升的内驱力，鼓励学生用实践检验所学，用理论指导具体实践，积累专业技能，提升职业核心竞争力。

（三）教学相长，加强专业力

生涯指导老师自身是否具备过硬的专业能力从一定程度上影响着生涯指导工作的方向和质量。这就要求生涯指导老师始终坚持"因事而化、因时而进、因势而新"，通过参加课程学习、研讨培训等不断巩固、提升，客观研判毕就业形势，高效开展毕就业帮扶，指导学生完成生涯规划和个人价值实现的专业能力。生涯指导老师只有注重与时俱进，自我提升，才能在学生遇到困惑时及时有效地通过自身经历分享，结合专业工具，不脱离实际，不只讲空话，为学生提供真正适合他们自己的，行之有效的生涯规划指导，最终帮助学生建立起在不同情境下都持续有效的核心竞争力。

大学生价值观的柔性引导教育实践探究

价值观决定人的自我认识，是个人理想信念、生活目标和行为方式的重要指导准则。在日常生活中，个人所处的社会成长环境、家庭背景、教育经历等都可能对其价值观的形成产生影响，而价值观一旦形成，也会反过来对个人未来的发展起到深远持久和潜移默化的作用。柔性引导教育方式，具有以情感教育为主，以刚性要求为辅，以内容教育为主，以形式教育为辅，以因材施教为主，以集中培养为辅的特点，是施教者从管理者向服务者转变，从老师角色向朋友角色调整的必然要求。通过柔性引导的方式帮助学生树立正确的价值观，相对于灌输式说教而言，更易被学生接纳。

一、案例分享

（一）案例 1：为每一个学生送上生日祝福

经过高考的洗礼，五湖四海的青年怀抱初心梦想，齐聚大学校园。面对全新的学习生活环境，年轻人们摩拳擦掌，期待一展身手，但同时也容易迷惘困惑，忐忑不安。尤其对第一次背井离乡的大一新生来说，他们更需要在老师、同学以及家人的情感关注和引导帮助下尽快地调整状态，适应环境。

回想自己当时的求学经历，那是的"我"希望遇到一名什么样的老师，希望老师以什么样的方式与学生相处，以怎样的角度替学生思考，从老师那里得到怎样的帮助原本还不够清晰的工作思路会因这样的换位思考变得豁然开朗——做大学生思想政治教育工作从来就没有捷径，唯有以心换心，将心比心，才能真正走进学生内心。我的其中一个"小心思"就是通过新生入学信息梳理出所有学生的生日和时间轴，在每位学生生日当天或发一条祝福的短信，或送一件生日礼物。行浅而情真，一年下来，不仅每位同学都当了一次大家眼中最特别的那颗生日星，更促成了良好融洽的班团建设工作氛围。

我清楚地记得，在我第一条祝福短信发出去的时候，学生半天没有回复，事后闲谈时她告诉我，自己当时的第一反应是不相信会有老师记得她的生日，更不相信会在那一天发短信给她祝福。在她的印象里，大学的辅导员一般是见不到面的，除了学生犯错的时候站出来处理一下，其他的时候不会有什么接触。学生的这一反馈对我的触动很大，也因此更加坚定了自己陪伴学生成长，成为学生知心人的决心。

（二）案例 2：以朋辈引领助青年价值实现

杨同学是我带的第一届学生。2012 年 11 月，他通过中华骨髓库武汉分库为上海某大学一名学生捐献了造血干细胞，当时在学校以及社会上引起了强烈反响，后来在他的影响带动下，我院又有 5 名学生陆续主动加入中华骨髓库。

杨同学在捐献骨髓之前对于手术的前景其实不太确定，跟家里也没有做好沟通，得知此事，我先后多次跟杨同学谈心，让他明白"身体发肤，受之父母"，做出这样的决定固然伟大，但是必须征得家长的理解和支持。在多方努力之下，杨同学捐献骨髓的决定终于在父母的嘱托和陪伴下得以顺利推进。从术前准备到手术进行再到术后恢复，杨同学的情况始终牵动着全院师生的心。在得知手术结果顺利，一名年轻的生命因此获救后，杨同学几度喜极而泣。在事后的分享报告中，杨同学始终不认为自己的这一举动有多伟大，他表示自己只是站在尊重生命的角度，希望为青年同伴尽上自己的一份力，也因此向更多的青年同学证明，只要我们心中有光，不抛弃不放弃任何一个梦想，就可能温暖他人生命中的某个时刻。

通过杨同学以身作则的朋辈引领，推动在全院直至全校范围内形成了一种积极互助，主动奉献，践行青年责任使命担当的良好氛围。

二、案例思考

当前，高校大学生以"00 后"这一群体为主。一方面，在逐渐开放的文化和社会背景下，他们通过多样化渠道获取信息，有着较强的自我意识，独特的见解观念，勇于表达个人的观点；另一方面，部分学生团队精神和协作意识不足，他们比较敏感脆弱，害怕受到否定，逆商相对较弱，在团队中更易形成对抗情绪。以上特点决定了针对大学生开展价值观引导工作不能仅限于说教式的灌输，而应采取"言传＋身教"的方式来展开。

　　通过上述两个案例可以看出，用柔性引导的方式对大学生开展价值观教育工作，须注意采取学生喜闻乐见的形式，以前沿热门的话题交流为切入点，深入了解学生思想状态，针对学生的具体问题制定个性化工作方案，从而切实帮助学生树立积极向上的价值观，正向乐观的心态，增强理性应对挫折和挑战的能力。

三、改进措施

（一）转换角色：是老师也是朋友

　　"00后"大学生的一个重要特点是有很强的独立意识和权利观念，对于框架制约和规则约束较为抵触。如果不对这种思想加以有效引导，很可能会导致学生易受社会上不良价值观的影响，不能很好地约束言行，形成"躺平""摆烂""佛系"等行为观念模式，从而最终影响学业和生活。

　　鉴于大学生的叛逆心理，施教者在工作中应及时转换角色，与学生建立"亦师亦友"的关系，明确尽职尽责地做学生们的老师很重要，将心比心地做学生们的朋友同样重要。在具体操作中，施教者可以通过学习青年群体的语言行为模式，了解学生们关心关注的社会热点，做到与学生"同频"；运用多媒体网络平台，多样化的交流渠道，打开与学生的沟通屏障，做到与学生"共振"；从细节关怀，情感关注入手，比如定时定点编写发送生日祝福，对学生的关心落实到细微之处，让学生真正感受到老师的关注，从而更好地融入学生群体，做到与学生"齐心"。

（二）转变方式：变教育管理为柔性引导

1. 以情感教育激发价值引导内驱力

　　中国人含蓄内敛的情感表达方式导致情感教育仍然是现行教育实践中的薄弱环节。高校学生极端行为案例屡防不止，一方面是当前大学生面临着巨大的现实压力，另一方面，部分学生欠缺情感沟通能力，情绪调适能力较弱的情况，而情感和责任联系紧密，缺失了情感，可能会相应削弱学生的行动内驱力，从而较难形成为家庭、为社会和他人承担责任的自主意识。

　　在传统思政教育管理工作中，大多采取的是老师下发通知，学生配合完成的模式，师生间缺乏情感沟通交流，大多数学生只是被动地完成老师交给的"任务"，更不用说去主动地将外在要求转化为内在动力，积极参与，实现"自我教育、自我管理、自我服务"。

在杨同学案例中，我们借助朋辈示范效应，使学生真切地感知青年榜样的力量，体会到牺牲奉献、勠力同行的时代青年使命担当其实并没有那么遥不可及，它就在每个人的生活中，可以通过一个念头，一个善举来实践。近年来，学院学生受此鼓励，多次通过学生组织自发进行爱心捐款，定点帮扶，有参与学生表示他在每一次捐助中都感受到了生命的宝贵和爱的温暖，"也许我捐出去的那几块钱对病情的缓解微乎其微，但是我先改变了我自己，改变了自己对关爱他人、尊重生命的态度"。

2. 以创新形式提升价值引导工作实效

一直以来，人们对于内容和形式孰轻孰重的问题时常争论不止，从两者的关系角度来看，要想实现形式更好地为内容服务，就要先提高内容的层次和质量。开展思想政治教育工作，除了要重视教育的内容，也要注意教育的方法，前者关系到从何入手，后者解决怎样推进。传统的思政教育工作大多采取主题班会、学习文件，撰写心得等方式开展，由于缺乏互动交流且形式较为单一，很难从根本上带动学生主动参与，主动受教的积极性，久而久之，学生也就形成了疲于应付的消极心态，导致思政教育工作最终流于形式。

因此，在实践工作中，要想达到充分调动学生的参与意识，激发学生的参与热情的效果，就要始终站在学生角度，用他们熟悉的语言，常用的平台，关注的话题，通过开展学生喜闻乐见的活动，借助多样化网络宣传平台，与学生产生情感共鸣，思维共振，从而提升价值引导工作实效。例如，在全国"两会"召开之际，学院由精英口才辩论队牵头，以"两会"热点为辩论主题，在全院范围内开展辩论赛，同时邀请专业老师做评委，通过视频展示、平台投票等形式，激发学生参与兴趣和热情，让学生在实际操作中学习"两会"知识，提升格局，开阔视野，成长为具有正能量的时代青年。

3. 以"因材施教"为主，"一刀切"方式为辅

教育应该尊重个体差异，因材施教，帮助每个学生找准自我定位，实现个人能力提升和价值实现。具体来说，不同的学生有着不同的个性，面临着不同的成长困惑，呈现出多样的思想状态，这就要求施教者须采取差异化引导，想学生之所想，解学生之所需，不"一刀切"地对所有学生采取"一视同仁"的教育管理。

比如，学院积极为有特殊才艺的学生搭建活动平台，开展书法展、设计展等各类文艺活动，帮助学生在活动中将个人特长得到进一步的培养和展示，增强文化自信；在学生心理健康教育工作中，学院建立重点关注工作台账，做到一生一册，一生一策，动态掌握学生实际情况，及时了解学生思想动态，防治结合，随时为有需要的学生提供有效帮扶；在学业管理上，建立学业预警制度，通过定期与学业困难学生谈心谈话，有针对性地对学生做出学业指导和帮扶，指导学生适时调整学习方式方法，从而帮助学生增强自信等。

大学生职前简历制作指导工作案例分析

关注学生就业，精准提高学生就业竞争力，根据教育部此前发布的数据显示，2022届高校毕业生规模预计1076万人，同比增加167万人。事实上，自高校扩招以来，每年的大学毕业生都在逐年上升，且2022年首次迈入了千万人时代。因此，怎样帮助高校大学生客观理性地找准自我定位，做好充分的职前准备，是关系到学生能否实现个人职业匹配，进而有效为社会创造更好的效益，为我国的快速发展提供人力与智力支持的重要教育环节，是高校生涯指导老师须努力攻克的重点难题。

一、案例分享

X同学在进行专业实践过程中逐渐明确个人专业优势，理清个人职业定位，但由于缺乏简历制作经验，在大三毕业实习求职时首战告败，该生因此信心受挫，不敢再次尝试，自己的学习生活也因此受到了消极影响。经过一段时间的自我调整未果，便主动通过"简历面对面"投稿平台向我表达了个人的困惑和苦恼。经交流分析后我们发现，该生担任过重要学生干部且专业实践经历丰富，专业实操能力强，个人获奖成果也有一定分量，之所以首次实习求职失败的原因很大可能是因为简历框架不合理，重点不突出，个人优势和成果未得到最大程度的展示。通过分析问题，梳理重点，在几轮调整完善后，该生凭着同样内容但不同形式的简历再次投到相关岗位，最终成功获邀。

二、案例思考

近几年，随着家校共育的教育模式不断推进，我国综合性人才培育成效已初步显现，但因生涯教育滞后导致的学生自主实践意识的欠缺，加上亲子、师生间沟通代沟的存在，仍然使得很多学生在经历了"两耳不闻窗外事，一心只读圣贤书"的漫长高考备战期，顺利进入大学校园后，无论从心理还是职业技能方面都不能及时有效地做好步入社会的准备。因此，高校生涯指导老师应尽早分阶段指导学生探寻个人职业性格色彩，找准自我定位，做好生涯规划，进行自我提升，同时视情况分主题对学生进行职业技能培训，比如制作一份彰显个人特色和优势的简历，助力学生敲开社会实践大门。

三、具体措施

（一）全方位了解学生生涯需求

"00后"大学生是具有很强自主意识的群体，他们接受力和行动力强，可以较快学习掌握相关技巧，明确个人职业规划。生涯指导老师需要在工作中主动转变身份，调整方式，充分利用学生熟悉聚集的网络平台，主动融入，定点突破，通过主题培训、个人访谈、定制化指导等多种途径，了解当前学生的职业发展理想，鼓励学生知行合一，指导其制定具体行动规划，为进一步完善个人简历，做好职前准备打下基础。

（二）多途径提升专业素养

毕就业工作是高校人才培养输出的重要环节，为应对愈加严峻的就业形势，很多高校开设了职业生涯指导相关的课程、主题培训讲座等，为学生们提供专业化的就业指导帮扶。高校生涯指导老师作为职业教师队伍的重要组成部分，不仅需要坚持学习，不断充实和更新自己的知识理论体系，还需及时调整更新教学理念，掌握最新的简历制作软件等教学工具操作技能，为更好地指导学生做好自身准备；同时更要与时代同进步，与学生共成长，积极了解学生的行为方式，融入学生的精神世界，综合使用线上线下多元途径，以学生喜闻乐见的形式与学生交流，对学生实际情况做好动态掌握。

（三）定制化指导学生职前准备

针对学生不同的个人特点和实际需求开展一对一生涯规划定制，是实现高校生涯指导工作效果最大化的有效途径。比如通过线上一对一沟通和线下面对面交流相结合，生涯指导老师在倾听学生对学业、生活、职业道路等问题的具体困惑、想法与期望后再有针对性地给出专业辅导意见，从明确中短期目标开始，帮学生定制具体行动方案，并在此基础上，利用简历制作App、制图软件、视频软件等工具，指导学生完善简历框架、充实简历内容，找准个人弱项，定点发力，全力做好职前准备。

励青年践行报国理想，助学生积极投身国防
——大学生国防教育工作案例

一、案例背景

在一次常规寝室走访中我意外了解到，广电班刘同学有意愿在大二休学，去响应国家关于大学生应征入伍的号召。在与刘同学做深入交流后，我先对其携笔从戎的崇高报国之志表示敬佩，军营生活磨炼男儿意志，绿色方阵成就报国理想，提升国防意识是新时代青年应该承担的社会责任，增强国防本领是保家卫国的有力保证，这将是他一生中最难忘最宝贵的经历。为帮助该生更好地做好入伍准备，我建议其从以下几方面着手：积极调理身体，加强锻炼，努力达到体检指标；更可能收集相关政策信息，联系国防办老师予以具体指导，联系退伍学生分享入伍经验等，最终该生经过系统准备光荣入伍。

二、方法总结

高校应以高度的使命感和责任心，认真落实国家有关工作部署和重要指示精神，真正把针对高校大学生开展爱国主义教育及征兵宣传动员工作当作一项重要的政治任务抓好、抓实、抓出成效。在工作实践中，应始终坚持将爱国主义教育与科学文化教育相结合，将爱国思想化为细流，涓涓不断地流入学生心中，从而进一步鼓励学生化理论为实践，积极投身国防事业中去。

（一）思想上高度重视，上下联动，师生配合

1. 由外到内，层层深入

为推进爱国主义教育事业的发展，促进院校征兵工作的顺利开展，作为一线辅导员应落实做细爱国主义教育，采取线上线下相结合的方式加强宣传，从源头抓起，从根本推进，将爱国主义思想教育贯穿学生成长全程：自新生入学

即应通过入学教育、班会、军训动员大会等形式开展新生入学教育，传播社会主义核心价值观等爱国主义思想，为后续开展各项工作奠定基础；遴选有相关经历和荣誉的学生代表跟新生们进行交流，充分发挥朋辈引导作用；在日常工作中，始终站在学生角度，感同身受，以知心人的身份，开展"心动"不如行动等主题座谈会、班会，传播爱国主义思想与奉献精神。

2. 坚持督导落实，发挥骨干作用

具体来说就是将日常工作与监督审查相结合，建立完善的监督传达机制：建立辅导员—班委—寝室长的三级传达制，确保各班级爱国教育工作与征兵工作的传达落实；在日常学习生活中以身作则发挥先锋模范作用，在向同学传播先进思想时，注意方式方法，用学生喜闻乐见的方式，帮助学生强化国防意识；充分发挥学生党员的先进模范力量，培养有担当、有作为、有思想、有进步的学生骨干队伍，积极投身各类大学生爱国主义教育的最前线，开展例如"晒晒党员证""与雷锋精神对话"主题辩论会等丰富多样、形式新颖的党团活动，依托一系列具有仪式感、参与感和亲切感的活动，强化大学生爱国主义意识。

（二）宣传上积极创新，拓宽渠道，营造氛围

1. 政策宣传，强化认知

充分发挥专业优势开展宣传教育工作，针对不同类型的学生制定不同的宣传计划和内容准备；宣传方式上，将宣讲会、主题讲座、宣传海报、报纸杂志等传统媒介与微信、微博、QQ、抖音等新兴媒介相结合，拓宽宣传渠道，重点关注爱国主义思想内容、意义以及大学生参军入伍的必要性和现实性、征兵入伍的优惠政策等，有效延伸宣传的时空效果与影响力，提高宣传的实效性精准性，营造轰轰烈烈的宣传氛围，让学生置身爱国氛围之中，使每个学生都了解征兵工作，提高学生参军入伍的概率。

2. 宣传榜样，引领风尚

榜样的力量是无穷的，"粉丝"的模仿效应是惊人的。在开展工作时应充分发挥学生之间彼此相连，说服力强、影响效果大的优势，通过主题班会、宣讲会、讲座等活动，及时宣传入伍学生事迹，让"朋友力"带动"爱国热"，让爱国风吹遍学生间，发挥正能量的传递作用，进一步激发学生的参军报国热情。自采取此项工作方法以来，几乎每年都会有学生参军从戎，拥有了光荣的军人身份，榜样带动作用非常明显。

（三）服务上全面到位，及时跟进，保障有力

征兵入伍前，应做好学生和家长的沟通工作，确保家长的支持，使学生无后顾之忧；征兵后，应配合武装部、校医院等，及时提醒学生体检，介绍注意事项，办理相关手续，减轻学生负担；入伍后，应及时帮助学生办理相关手续，使学生可以安心参军入伍，激发学生军营练兵、报效祖国的动力。

试探"00后"大学生生涯教育的实践困境和解决途径

习近平总书记曾引用"大学之道，在明明德，在亲民，在止于至善"强调在大学培养社会主义事业接班人的重要性。"00后"作为当前高校大学生的主力军，他们个性鲜明，思维活跃，自主意识强，有独立观念，但某些社会特质的欠缺和综合能力的不足，也要求高校尽快调整施教理念，优化施教方式。本文拟从大学生生涯教育所面临的内容失衡、缺乏完善的系统机制等实践困境入手，结合情感教育与心理健康教育对于生涯教育的"融促"效用，探讨针对"00后"大学生开展生涯教育工作的优化途径。

一、"00后"大学生生涯教育的困境及现状

（一）生涯教育内容的偏向性

一般来说，高校大学生生涯教育主要包括职业生涯教育、学习生涯教育、情感教育、心理健康教育四大板块。一直以来，职业生涯教育与学习生涯教育都摆在相对首要位置，而情感教育和心理健康教育往往未能引起足够的重视。近年来，随着大学生心理健康问题频发，尤其受疫情影响，部分大学生出现学业焦虑、生涯迷茫等心理健康问题，高校心理健康教育工作也受到越来越多的关注。同样地，情感教育作为对大学生开展思政教育的创新内容，要求高校思政工作者不断调整角色定位，尽快完成从教育管理者向服务引导者转变，同时我们要清醒地认识到，职业生涯教育、学习生涯教育的主要特点是传授技能，而情感教育、心理健康教育很大程度上影响着学生技能的释放。这样的偏向性使得我们当前的生涯教育模式可能帮助学生成才却较难促其成人，比如可能导致部分学生急于寻求捷径，重视方法论，而出现责任意识、实践意识相对淡薄，心理素质、道德素质没有得到系统性教育的窘境。

（二）受教育者对生涯教育的重视问题

从日常工作实践来看，"00后"大学生普遍存在自我定位不明确，生涯规划不清晰等问题，并且相较于学业提升而言，对于生涯教育、社会实践的重视度也稍有欠缺。在跟一些学生交流后不难发现，配合生涯指导老师的工作对他们来说更像是为了完成任务，这种被动接受的心态使得学生下意识地将生涯教育划分为"别人的事情"，在他们内心深处并未将此看作自己的事情来严肃对待，可以说受教育者对生涯教育工作的认知程度影响着高校生涯教育工作的实际推进和落实效果。

（三）受教育者本身的代际特质

学识素养决定我们从哪里出发，性格品质却决定我们能走多远。

"00后"作为高校校园里的新生代，他们出生在中国高速发展的时期，见证了中国的繁荣昌盛，不可否认，他们思维独立、有个性、有主见，但相对而言，安逸无忧的生活使得他们较为缺乏自律自立的自觉意识。在过度主张自由，强调权利行使的开放环境下，一些学生会怠于对个人潜力做进一步的挖掘，或在对个人做出理性正确评判的基础上做到知行合一，而这些也恰恰是在当今社会中生存所必备的素质，是大学生从校园走向社会所不可或缺的技能。

（四）生涯教育的实践困境

职业生涯教育相较于理论教育来说，更加侧重于运用教育工具和技能培训来开展，比如向学生讲授职前简历制作、面试技巧等实操技能。几乎所有高校都会在新生入校时就开展形式多样的生涯规划教育，但对于大学新生而言，他们在步入大学之前接触最多的是应试教育内容，即便近年教育体制改革下的素质教育愈发受到重视，但生涯规划和职前技能培训却仍旧比较薄弱，学生对"职业"概念的理解相对肤浅，对就业形势、自我定位，生涯方向等也比较迷茫，因为填鸭式灌输繁杂信息的结果大多是揠苗助长，治标不治本。而高校职业生涯教育机制的不甚完善，也使得后续培养工作不能做到有效衔接和推进，新生入学教育后往往会出现一段时间的教育空白，然后在毕业前再突击开展一系列职业技能培训，在学习生涯教育、心理健康教育、情感教育中的突击式现象也较为普遍。高校生涯教育工作的四项内容没有做好系统规划、融促推进，是目前高校生涯教育工作难以在实践中落实做细的根本原因。

二、加强"00 后"生涯教育的重要性与必要性

（一）加强职业生涯教育的重要性与必要性

"00 后"较为安稳的生长环境往往让他们忽视了现实的残酷，无论未来的人生规划方向是继续深造，还是就业、创业、考公等，他们都将面临心理和能力的多重竞争。因此，学生应充分认识到当下形势的严峻，并通过理性认知，做好科学规划，进而尽快调整状态，从职前技能、专业实践、职场能力等方面完成个人综合能力提升，为进入社会提前做好准备。由此看来，高校职业生涯教育工作不仅必要，也更紧迫。

（二）加强情感教育的重要性与必要性

大学生活是大学生向社会过渡的重要时期，而大学校园本身又是一个微型社会。以自我为中心、团队协作能力弱、责任意识淡薄的人必然难以融入社会，继而将影响其个人价值的最终实现。

针对"00 后"的代际特征，高校开展情感教育应侧重于对学生"待人接物"等人际关系处理方面的意识养成和能力培养，其中"接物"主要指在处理日常生活事务的能力，"待人"比如与异性的交往，新入学后与不相熟的师长、同学交往，对全新环境的适应等。

随着网络信息时代的迅猛发展，"00 后"获取信息的渠道更加多元，消化信息的能力更加强大，也导致这一批学生普遍早熟，但由于他们尚处于心智成熟发展的关键时期，相对开放的外部环境，和相对自由的信息获取途径与方式使学生容易受到一定影响，倘若没有情感教育的正确引导和适时补救，可能导致教育效果和预期出现偏差的情况。同时，"00 后"这一代学生大多数是独生子女，成长环境相对单纯稳定，使得有些学生自我意识较强，集体意识淡薄，人际相处能力较差。他们往往更看重自我权利的行使，自由意志的实现，对"待人接物"等社交礼仪的重视方面会有所欠缺。

（三）加强心理健康教育的重要性与必要性

近年来，尤其是受疫情形势的影响，外部环境给人们的生活和心理都带来了较大的冲击，学生心智尚未发展成熟，尤其是对于大学新生而言，高考将学业能力水平相当的学生带到同一所学校，许多学生在高中的优越感不复存在，面对学习、人际交往、生涯发展等多重压力，如果不能进行有效的自我调控，心理自愈能力无法很好地应对外部形势变化，将可能直接导致高校学生心理危

机案例层出不穷，实际上这也正是高校大学生心理问题的"重灾区"。学生心理问题的多发性，危机出现的紧迫性，要求施教者必须时刻关注学生心理发展，同时为防止悲剧重演，高校还应及时调整心理健康教育工作方式，将心理调适能力培养等工作内容融入对大学生的生涯教育工作当中。

三、针对"00 后"大学生开展生涯教育的具体途径

（一）立足学生代际特征，激发学生生涯规划内动力

高校要为社会提供高质量的人才输送，生涯教育是重要保障。施教者必须立足于"00 后"的代际特质，有针对性地进行生涯教育，搭建起学校通往社会的桥梁，才能帮助他们更好地融入时代，成为新时代的优秀人才。具体到实践中，要将生涯规划的主动权逐步移交给学生，引导学生根据自身特点、需求、兴趣，利用专业的教学工具，制定属于自己的生涯规划，此举也能起到鼓励学生端正自我认知、积极挖掘自身潜力的作用。

（二）以践促行，完善生涯教育规划体系

生涯教育体系须坚持情感教育与思政教育相结合，坚持理论与实际相结合，坚持加强家校联系与师生联系相结合的原则，在推进过程中，施教者应积极调整角色定位，注意把握生涯教育工作的规律性，将"填鸭式"的单一性教育管理转变为沟通为主的服务引导，确保体系的设立符合大学生的身心发展需求，将生涯教育潜移默化地渗透在学生大学四年的日常生活中。总之，要将生涯教育规划体系中的各个组成部分有机结合，可以有主次之分，但不能忽视体系内部的有机"融促"效用。

参考文献：

1.郝方丽.论情感教育在大学生思想政治教育中的运用[J].现代交际，2018(08)：191-192.

2.于嘉欣.大学生心理健康教育的现状、问题及对策[J].中外企业家，2019(25)：203-204.

3.龚勋.大学生职业生涯辅导体系中纳入心理健康教育的研究进展[J].中国健康教育，2019，35(05)：442-445.

4.白云涛，黄剑.高校辅导员心理健康教育研究[J].中外企业家，2019(25)：160.

"信比心"师生笔谈式情感沟通实践案例

沟通是社会生活的基本特征和活动之一，是人们适应环境、适应社会的必要条件，是形成良好个性、健康心理的重要保证，是实现个体成长和协同发展的重要途径。师生间有效的沟通可以帮助学生正视自我、关注他人，维持和改善自身与他人之间的人际关系；师生间良好沟通可以增进彼此了解，相互影响，增进情感，实现共促成长。所以，思政教育工作者与学生间沟通的缺失势必影响学生在大学期间的整体发展。当今大学校园已经进入"00后"的时代，他们在新的社会环境与家庭教育观念下成长，具有独特的思维模式与行为习惯，属于个性特征极其鲜明一代，他们思想活跃、兴趣广泛且大多有一技之长，个性张扬，对网络表现得十分依赖，同时由于信息获取渠道复杂多元，使得他们在人际交往和沟通交流方面呈现出了许多新的特点：他们内心敏感，认知趋向于简单化，因而过去繁复冗杂的沟通方式已不能完全适用；他们大多以自我为中心，追求平等，叛逆心重，不喜欢被管制，因而过去高高在上的管教方式同样需要被摒弃；他们挫商逆商有待提升，主动自律意志较薄弱，因而需要教育工作者主动与其沟通交流……因此，高校思政教育工作者要及时探索并创新教育理念，在实践中逐步改进教育方法，本文拟以"信比心"师生笔谈式情感沟通实践案例入手，进一步探讨如何针对"00后"被动沟通的特点开展思政教育工作。

一、案例："信比心"——与学生做笔友

为了尽快有效地帮助新生在初入大学校园后破冰人际关系，畅通师生沟通渠道，我曾在 15 级新生入学典礼上向大家发出倡议，邀请新生和家长以"感恩过去·畅想未来"为主题自愿给自己或大学老师，以"信比心"的方式与学生做笔友，最终提交匿名信的学生超乎了我的预估，过半数的学生暂停在校园猎

新的脚步，抽出时间认真写下了自己的心声。学生们从日常生活的点点滴滴到未来的人生规划，从苦恼茫然到开心雀跃，每一封信的内容都不相同，却都是一个个鲜活青春心灵的真实写照。我利用课余时间认真阅读了每一封匿名来信，并逐一手写回复，以期通过个人浅薄的生活经历和人生感想去和学生交流分享。这种"师生笔谈式"的沟通方式，不仅能够帮助学生摒除思虑顾忌敞开心扉跟辅导员倾诉交流，更能言平时之不敢言，诉一般之不能诉，使得沟通双方都能更加深入地走进彼此的内心世界，从而帮助辅导员更准确细致地掌握学生的实际情况。

二、实践背景

当代大学生多为独生子女，丰足的外部环境和安稳的生活条件使得他们逐渐成长具有很强自主观念和自由意志的个性化群体，强调个性、主张自由、善用网络虚拟空间是其最具代表性的特点。因此，了解并掌握大学生的成长规律和代际特征，从心思政、因材施教促进大学生成长成才，实现高校育人目标的重要保证，而探索行之有效的沟通方式，畅通与学生的沟通渠道，在高校人才培养中占据举足轻重的作用。

尽管网络的快速发展改变了人们的交往方式，但书信作为人们表达情感，增进交流的常用手段之一，依然凭借其独特魅力拉近着人与人、心与心的距离。书信对沟通双方来说，足以展现出把对方重视到需要借助传统沟通方式来真实亲切地表达自己的思想和情感的诚意。同时，相对于网络、语言而言，因书信不受时空限制，可以给书信者提供在落笔前深思熟虑，灵活运用语法，准确遣词造句的空间，同时书信便于长久保存，反复阅读，会给人一种持久的、真实可触的感觉，带给人快乐美好的回忆。高校师生间开展书信交流也有助于充分发挥教育民主，鼓励学生不受拘束自由表达，从而帮助思政教育工作者真正实现想学生所想，解学生所困，进学生内心的育人初心。

三、实践意义

（一）有利于提高大学生的思想政治素养

大学生是十分宝贵的人才资源。创新思政工作理念，优化思政工作方式，实现大学生理想信念和个体综合素质的全面提升，不仅关系到大学生的成长成才，还关系到习近平新时代中国特色社会主义的长远发展。中共中央国务院

《关于进一步加强和改进大学生思想政治教育的意见》中就指出："加强和改进大学生思想政治教育，提高他们的思想政治素质，把他们培养成中国特色社会主义的建设者和接班人。对于全面实施科教兴国和人才强国战略，确保我国在激烈的国际竞争中始终立于不败之地，确保全面建设小康社会、加快推进社会主义现代化的宏伟目标，确保中国特色社会主义事业兴旺发达、后继有人，具有重大而深远的现实意义。"这充分说明了党和国家对大学生思想政治工作的重视，也充分体现了思想政治素质是当代大学生最重要的素质之一。而能否消除沟通壁垒，真正走进学生内心，对于开展大学生思想政治教育的工作有着至关重要的作用。

（二）鼓励直抒胸臆，形成正确三观

师生笔谈的工作形式从一定意义上来说为沟通双方创造了一个情感归宿处。相比"树洞"式的单向情感倾诉方式，师生笔谈可以鼓励学生记录心情，吐露心声，直抒胸臆，缓解心理压力，并从老师的回信中找到解决问题的方法，缓解疑惑的途径，比如对于有些学生迷茫困惑于专业选择是追高追热还是听从内心的问题，思政教育工作者可以通过书信更为准确地了解学生实际需求和困难，从而给予专业且有针对性的解答和建议，帮助他们渡过难关，从容应对。在帮助学生解决问题的同时也能对学生进行思想政治教育和理想信念引导，帮助学生们树立正确的人生目标，通过笔谈交流，同理共情，逐渐引导学生把个人的选择建立在社会需求的基础上，把个人的才智兴趣充分发挥在崇高的远大的目标上，将创造社会价值和实现个人价值有机统一。

（三）增进人际交往，塑造良好人格

信息社会的信息获取渠道复杂多元，信息获取内容琐碎繁杂，同时，大学生正处在个体成长的黄金期，其在心理、生活和社会化等方面很容易受到外在因素的影响，产生焦虑、愤怒、恐惧等消极情绪，呈现"躺平""摆烂"等消极状态，从而影响其正常的学习生活。人际交往作为人们交流信息、获取知识的重要途径，不仅可以帮助学生释放不良情绪，实现情感交流；也可以通过相互间分享成果，促进活跃思维，开阔视野，提升格局；通过吸取他人经验，总结教训，从而降低试错可能性……

"独学而无友，则孤陋而寡闻"，良好的人际交往能力是衡量现代社会人才培养质量的重要参数之一。如果大学生隐藏自身不良的人生追求，个性情绪，以及对社会需求的沉淀性认知，其对社会期望和自身能力的偏离，很可能导致大学生发展内驱力缺失，心理健康发展受阻等后果。

在师生笔谈的过程中，思政教育工作者给学生提供尝试表达和抒发自己在将重要人生过渡时期的隐藏情绪的机会，通过笔谈，思政教育工作者也可以教授引导学生更好地与他人进行相处，对自己负责，避免学生形成类似"镜中之我"或"概化他人"的极端心态，从而帮助其塑造良好的人格，为社会培育更多人格健全的高层次人才。

四、具体措施

（一）主动倡导，模式系统化

针对当代大学生与同学、朋友的关系更亲密，遇事第一时间联系同学，而不是老师的心态。老师要遵循当代大学生的代际成长特点，将教育管理者的身份转变为引导服务者的身份，通过分享笔谈成功案例、笔谈心得交流等，充分调动学生对师生笔谈的兴趣和主动性，鼓励学生主动写而不是等着学生写，推进师生笔谈工作持续性展开，并通过长期案例实践积累，逐步形成系统化模式。

（二）班级引导，师生联动化

班级作为大学生校园学习生活的基本单位，有助于促进大学生集体归属感和荣誉感的形成，是能充分获得学生信任的集体。因此在开展日常工作中，思政教育工作者要充分发挥班级的凝聚导向作用，通过班委的带头组织，现身说法，构建师生沟通交流的纽带。

（三）落实初衷，现象本质化

师生笔谈的根本作用是帮助教师与学生进行真实有效的沟通，书信的内容可以涉及学生成长的方方面面，作为思政教育工作者，要善于透过现象看本质，在了解和掌握学生的具体情况和面临的实际问题后，通过分析研判，做好针对性教育规划，切实回应并解决学生实际需求，并及时回信疏导，提供帮助。另外，思政教育工作者在与学生实际笔谈时切忌流于表面，比如只看不回或仅机械回复应付差事，对学生问题不做深层分析研究等，都将违背笔谈互动互促的初衷。

大学生政治安全观引导工作实践案例

国家安全是国家生存发展的基本前提，维护国家安全是全国各族人民根本利益所在。党的十九大报告把"坚持总体国家安全观"列为坚持与发展新时代中国特色社会主义的 14 条基本方略之一，党的二十大报告首次把国家安全单列为一个部分进行阐述，使国家安全的地位得到进一步彰显。为了体现总体国家安全观的要求，《中华人民共和国国家安全法》从政治安全、国土安全、军事安全、经济安全、文化安全、社会安全、科技安全、生态安全、核安全等，对国家安全任务进行了明确。当前，我国仍处于新的社会转型期，错综复杂的外部环境，给国家安全和社会稳定带来了全新的机遇和挑战。同时，国际形势呈现出的新特点新趋势，以及中国国际地位的提高，也要求我们须时刻以人民安全为宗旨，维护国家总体安全，保证和平建设和发展的环境。

思想政治教育工作一直是高校建设的"生命线"，辅导员作为高校开展思想政治教育工作的主要力量，教育引导大学生形成正确的国家安全观，尤其是政治安全观，是坚持人民民主专政和中国特色社会主义制度，坚持马克思主义意识形态的主导地位不动摇，教育大学生不断提高维护国家安全的能力，保证自身免受各种不良思想侵袭、干扰、威胁和危害的重要保证。身为中国特色社会主义建设者和接班人的高校学子，只有具有爱国主义、集体主义、社会主义理想信念，具备正确世界观、人生观、价值观，才能在任何情况下做到坚持党的基本路线不动摇，全心全意为建设"中国梦"而奋斗终生。

系统教育学是现代教育模式之一，其核心在于在坚持底线原则的基础上，具体问题具体分析，否定单一的、僵化的教育模式。运用系统教育学方法开展政治安全教育，既有利于大学生深入了解国家安全基本内涵，也有助于大学生深刻意识到时代青年担当，从而促进高校大学生安全教育系统化工程的提升。

一、案例背景

2017 年初，W 同学在不知情的情况下，在其高中同学——某组织（后被定性为非法组织）负责人的劝说下，以"进行国际大学生志愿交流活动"为由加入某组织。辅导员在走访寝室与其交谈时得知此情况后，立即意识到该组织的性质和学生所处的危险状态，向上级领导汇报情况的同时，立即向学生及家长沟通交谈，说明形势，分析利害，及时纠错，学生及家长了解情况后当即表示退出，后辅导员立即着手排查与该生关系较为密切的其他学生情况，确认并无其他学生加入该组织。

本次排查到的 W 同学加入某非法组织事件给学院落实做细大学生安全教育工作敲响了一记警钟，在日常工作中需进一步培养提高学生辨别是非的能力，杜绝此类现象再发生。

二、案例思考

大学是大学生三观形成的关键时期，由于这个时期的大学生仍处在不断积累社会经验、丰富人生阅历的阶段，其心智发展尚未完全成熟，较易受到外界环境的影响，自身的思想观念在不断发生转变。同时，在信息爆炸时代，同学们获取信息的渠道多元，内容复杂，加之大学生的成长背景、受教育程度、知识储备、视野眼界水平等参差不齐，导致了他们对于政治安全教育工作的理解、接受程度不同，因此如何帮助学生筛滤各类信息，识别披着"科学""合法"外衣的不良信息，如何在"有心人士"的攻势下，仍然坚定理想信念不动摇，是高校思政教育工作者开展各项工作的重点和难点。

三、具体措施

（一）因事而化，化被动为主动

形势的复杂性与思想教育的迫切性要求高校思想政治教育老师在开展工作时要始终遵循"一个底线、灵活应变"的原则，结合当今大学生所具有的代际特点，对其进行政治安全教育应从其比较关注的社会问题、政治问题和舆论热点问题等入手，由被动变为主动，充分调动大学生参与讨论、实践的积极性，发挥其主观能动性，提高学生政治敏锐性，引导学生正确参与社会活动，培养学生正确的政治安全观。

（二）因时而动，教育实践相结合

人的认知和思想是在实践中逐渐形成的，开展教育工作应始终坚持理论与实践相结合的原则，对大学生进行政治安全教育时更应注重利用如主题学习、实地参观、演讲征文、观影研讨等将政治安全教育与实习实践相结合的形式，满足学生的学习需求，激发学生的学习兴趣，让学生在潜移默化中接受教育，形成正确观念。

（三）因人而异，各方联动育人

学校教育具有正规性、系统性但缺乏灵活性、个性化的特点；家庭环境和父母对于孩子行为模式和思想观念的形成有着根深蒂固的影响，却缺乏专业化和理论化；社会和朋辈榜样可以起到模范带头作用，通过开展班会等学生活动，传播先进思想，加强朋辈间互影响，却也缺乏正规性。针对上述实践特点，开展政治安全教育要充分联合教师、家庭、朋辈、社会等教育力量，相互弥补自身不足，发挥各自优势，形成完整系统的教育模式，为大学生政治安全教育提供榜样力量，为大学生的安全理论实践提供空间和机会，利用多方联动将政治安全意识渗透到大学生学习生活的方方面面，形成政治安全教育处处在、时时有的教育氛围，使大学生随时随地都能感受到政治安全教育的熏陶和感染，尤其是当学生的思想发生波动、观念出现偏差时可以联合行动，对学生进行针对性教育。

（四）因时而进，发挥新媒体的宣传引导作用

新媒体时代，网络传播信息的速度之快，范围之广，信息量之大，为人们的日常生活提供了极大便利，所以高校要抓住大众传媒这个思想政治教育阵地，发挥其在大学生政治安全观教育工作中的载体功能，从与大学生日常生活息息相关的信息交流平台，了解学生心理和实际需求，掌握学生关注的动态，引导网络舆论的正确方向，保证健康的网络环境，促使大学生形成健康向上的政治安全观。相应的，网络的无处不在、无时不在也带来一定的安全隐患，其中应阻止非法组织披着合法马甲，以志愿、就业等名目吸引大学生注意，误导涉世未深的在校大学生，网络暴力和舆论误导也可能影响大学生观念偏离轨道。所以，思政教育工作者应充分利用学生自己的班团网络平台，做好网络监督和舆论引导工作，在出现异常情况时可以第一时间发现并做好应对干预。

高校学生事务性工作系统化模式初探

高校辅导员是高校大学生思想政治教育和日常学生事务管理的组织者、实施者和指导者，其工作范围冗杂繁复，主要包括思想理论教育和价值引领、党团和班级建设、学风建设、学生日常事务管理、心理健康教育与咨询工作、网络思想政治教育、校园危机事件应对、职业规划与就业创业指导、理论和实践研究等一系列旨在为学生服务的事务性工作，具有覆盖面广、任务量大、责任性重等特点，而这样的工作特点决定了辅导员必须探索出一条实用的、系统化的学生工作模式，便于学生工作顺利展开的同时，实现辅导员自我能力和学工队伍整体战斗力提升。

由于辅导员的工作大多是事务性工作，繁杂且耗费时间和精力，时间久了，难免会出现职业倦怠，产生职业瓶颈。个人认为，如果大环境难以改变，我们就应该积极调整心态，努力适应，从而保证工作热情和积极性，从内而外做到自我提升和完善；同时，在工作实践中及时总结，合理规划，创新工作理念，调整工作方法，探索工作模式，提高工作效率，保证工作质量。

结合多年一线辅导员的工作实践，建议可从以下几个方面进行高校学生事务性工作系统化模式探索：

一、硬软件支持系统化

要想实现学生事务性工作效率的提升，需要高校完善顶层设计，积极吸纳一切能够对学生工作有益的资源，并为这些资源的融合提供良好的平台。其中整合各种办公系统，建立系统化统一平台就显得尤为重要。

理清学生工作的整体流程，建立合理且高效的学生工作运行机制。从时间维度上，高校学生事务性工作一般都有通知和信息的收集、分析、整理、组织、整合、反馈等系列过程，可据此建立相应的信息化传递机制；从空间维度上，学生工作一般围绕学校、学校相关职能部门、院系之间展开，要充分认识并了解各部门之间的职能划分，才有利于建立合理、高效的学生工作管理体制。

（一）学生工作的复杂性要求模式系统化

当前高校学生所具有的价值观呈现多元化、就业观呈现务虚化、高校各系统的协调运作和工作衔接偶有不畅等各种矛盾问题，都集中反映在学生的日常学习和生活中，进一步加重了学生工作的复杂性，而办公条件的系统化主旨在于避免办公程序的繁杂化，减少在各部门、单位间耗费的时间。

目前已有部分高校做出积极探索，建立为学生提供一条龙服务的"学生服务大厅"，上海交通大学建立的"学生工作指导委员会"统领学生工作的"大学工"机制，华中师范大学的"学生之家"拥有专门办公区域，由各部门每天派出一名值班老师前去坐班，一站式解决所有学生相关事务行工作等。高效系统的办公模式，在为学生提供便利的同时也提高了学生工作队伍的整体效率。另外我们不能回避目前仍有相关部门分工不明确，在学生前来咨询时出现相互推诿或者因业务不精，而不能及时帮忙解决的情况。针对上述，我们需在已有模式中甄别出利于自身建设的有利因素，总结经验教训，摒弃有弊因素，创建适合自身发展需求的系统化工作模式。

（二）从顶层设计加强平台系统化

互联网的发展使辅导员的工作环境和工作内容都发生了重大变化，也给高校辅导员工作带来新的挑战，提出新要求，比如如何运用先进科学技术加强学生工作变得更为紧迫。高校的教学工作中，慕课、数字化课堂等科学技术的应用已相对成熟，但在一线辅导员层面的学生工作日常管理上仍有待发展。科学技术的运用有助于整合工作系统，硬软件支持系统化的要义即在技术支持下，整合辅导员工作可能涉及的教务系统、日常办公系统、就业系统、迎新系统、学籍管理系统等一系列资源，创建一个可以系统化上传、更新、共享学生信息的平台。这样既节省了学生办理相关事务时间，有利于帮助辅导员从琐碎的事务中解脱，还能实现学生工作的实时化、动态化、开放化，从而解决学生工作效率低下的问题。

（三）辅导员自身素质的提高

在已经建立的系统化硬件的基础上，辅导员还应加强自学，充分利用学校组织的各类培训学习，夯实理论基础，同时通过学习掌握各类硬软件系统的使用技能，提升业务能力。辅导员是学生工作的组织者、实施者和指导者，只有先充分做好自身准备，才能胜任学生工作，并在工作实践中始终保有工作热情，完善工作方式，创新更多工作方式方法。

二、辅导员个人办公模式系统化

辅导员个人办公模式系统化的主旨在于把日常学生工作材料在电脑里、办公桌等个人办公区域分系统进行整合，按照一定的模式合理安排，按时推进，及时反馈。

(一)良好习惯的养成

日常工作的琐碎繁杂要求辅导员做好合理化日程安排，掌握办公流程，区分各项事务的轻重缓急。辅导员接到工作任务，可以按照上报时间先后做好登记，并在电脑桌面的文件夹名称中做好备注。在发布具体通知之前应先吃透上级工作要求，然后将学校通知修改成为适合在学院年级内发布的格式和内容，并做重点标注。同时充分调动班委和辅导员助理的积极性，发挥学生干部的作用。在接到通知、安排工作、组织推进、提醒反馈等各个环节做好统筹和跟进，保证每个环节都有人员负责，有工作痕迹，从而保证工作的效率和质量。

(二)利用网络与学生建立起实时联系

根据学生使用网络的强度与频率以及网络的普及程度，辅导员可充分利用网络建立起与学生间的实时联系。这一方式也与我所在的新闻学院的专业特色不谋而合。首先学院网站是各类信息发布的重要渠道，比如学生毕就业信息、实习实践信息、培训讲座信息等都可以在网上在看到最新、最全的内容。其次可以利用班级群、微博等加强网络信息监管，通过班级QQ群等新媒体载体，也便于及时掌握学生最近的动态，按时发布消息。最后，通过网络信息进行日常考勤管理，保证网络信息的有效筛选和及时推送，第一时间了解并回应学生反馈。比如开展毕业生工作时，就可以充分利用网络建立起"学校—学院—辅导员—班长寝室长—学生个人"的信息流通渠道，辅以网络工具，及时地传达并反馈就业招聘等相关信息，同时充分调动专业能力强的同学组成毕业生工作电子刊物的制作小组，将有关毕业季的所有工作整合起来进行发布，让更多的师生能够了解目前的工作进展，遇到问题时也能很快明确该如何寻求帮助。

三、业务学习系统化

业务学习系统化要求辅导员不断提升自身业务素质，通过业务培训交流业务经验，做到与时俱进，与生俱进，与校俱进。因此，业务学习不能是"断层式"的，应该加强其系统性建设，开展系列化业务学习。

（一）知行合一

在实际工作中，可能出现有的辅导员因缺乏基本业务知识和缺少灵活运用技能的能力而陷入工作难以深入推进的困境。因此应该掌握知识技能，对于做好学生工作、提高管理能力具有重要意义。从辅导员工作特点和职能看，辅导员需要具备思想政治学、心理学、教育学、管理学和法学等相关专业知识，也需要具备行政工作基本技能，这些都是处理学生工作中的必备业务能力。

（二）系统培训

加强高校学工队伍建设是提升高校思政教育工作质量的重要人员保障，但目前不少高校对辅导员的培训还处于零碎且不成系统的状态，有时甚至为做培训而培训，这极大地影响了培训的效果，不利于辅导员队伍业务能力的提高。业务学习一方面需要依靠辅导员的自主学习，一方面需要院校定期组织主题学习、专题研判、定期培训，比如高校学生典型心理危机干预案例的培训，可以向辅导员提供学习心理学基础知识，了解学生因心理问题造成不良后果的心理学原因，便于辅导员在今后的工作中加以借鉴和做好预防；通过辅导员公文写作业务能力培训、党史国情教育学习等可以让辅导员了解做思想政治教育工作的理论重点、政策支持及宏观环境，开阔个人视野，提高个人业务素养；高校学生职业生涯规划培训一类的学习可以使辅导员了解如何做好、何时做好对学生的择业引导、就业帮助等高校大学生生涯规划教育工作。

因此，对辅导员的培训应该在对辅导员工作所必备的基本能力要素进行透彻研究的前提下，根据辅导员自身情况，不同事业发展阶段和不同工作领域需要，兼顾辅导员工作实践性强的特点来设计有针对性、分层级、连续化、体系化的培训，只有这样才能真正达到培训的目的，实现辅导员业务能力的不断提高，助其具备应对复杂多变的学生情况的能力。

四、总结

在高校辅导员学生工作系统化的道路上，不仅需要外部的条件即硬件软件的系统化建立、队伍建设的系统化探索，更需要辅导员自身形成系统化的办公模式，并一直坚持业务能力的系统化学习。在系统化建设进程中，需要学校、学院、辅导员之间的相互配合，保证各个环节的连续性与衔接性，实现学生与辅导员同时"减负"。

千帆竞渡"无价"者胜

——基于对大学生求职价值观现状的分析思考

目前我国经济正处于上升转型期，社会需求发生结构性转变，矛盾愈发突出，加上社会生活成本的增加和人们对高品质生活的追求，越来越浮躁的社会心理推动着高校毕业生，就业取向丰富多元，就业选择务实理性，同时求职价值观也趋向现实主义，自我意识尤其明显，具体表现为越来越多的高校毕业生在择业时更加注重自身价值的实现和个人的未来发展，较为忽视社会价值实现。同时，随着我国高校逐年扩招，就业基数激增，曾经被视为"天之骄子"的大学生已呈"大众化"状态，就业形势的日益严峻加上高校毕业生求职价值观的不断转变，使得每年的高校就业率逐渐成为高校对于大学生价值观教育成果的重要考量标准。因此，要想真正解决就业难的问题，调整高校毕业生求职价值观培养模式与改进生涯规划教育工作方式、完善就业体系等同样重要。

一、大学生求职价值观的现状和问题

伴随着经济社会发展的区域性失衡，高校毕业生也呈现出"眼高手低"的就业心态与"趋东避西"的就业取向，由此相互交织而引发的"慢就业""懒就业"现象以及相关社会问题日益严峻。大学生就业问题的改善不仅与我国经济增长水平的提高、经济体制改革的完善、区域经济的协调发展等紧密联系，同时也取决于大学毕业生个人求职价值观的转变。而在现实中，大学生在就业过程中所持的价值观存在着很多问题：第一，是职前准备不充分问题，一定的校内外实践经验、获奖成果、技能证书等会为高校求职者赢得较好的初面印象，大多数毕业生在校期间已通过自身努力完善个人履历，在个人综合素质和职前技能提升方面都做了准备，但也有少部分学生受怠学、拖延等心态的影响，导致专业成果欠缺和实践经验不足，可能在求职季通过"走捷径"等投机方式

"丰富"个人简历,这样的诚信问题对大学毕业生整体形象造成了一定的损害。第二,是大学生整体素质也有下降趋势,近几年公办高校扩招,民办高校激增,高校招生规模不断扩大,招生分数不断降低,加上不少大学生专业积累不足,人际沟通能力较弱,缺乏实践经验,大学生整体素质实际上的确呈现下降趋势。第三,大学生自我定位和求职价值观存在偏差,对市场形势认知不足。由于我国不同地区经济发展的不平衡性,东西部地区之间、沿海地区和内地之间的差距较大,大学毕业生选择就业区域时,过度集中在热点地区,造成这些地区的就业压力明显增加。高校毕业生的这种"高不成,低不就"的求职价值观在一定程度上导致了高校就业形势呈现出"局部困难状态",而事实上,在经济发达的前线城市早就是人才饱和状态,但大多数高校毕业生却未能正视形势,调整心态,仍旧希望能找到能发挥专业优势、薪资福利好、上升渠道畅通的职位,却忽略了许多基层地区和岗位有着更为广阔的天地等待大学生施展才华,一些传统行业和新兴服务业也需要高层次人才的加入。由此可见,如果能摆正求职心态,那么高校毕业生要找到一份适合自己的工作并不难。

二、问题产生的原因

(一)社会因素

高校招生规模不断扩大,毕业生的数量逐年增多,甚至是成倍增加,造成社会对毕业生的整体社会需求量与实际毕业人数之间的矛盾突出,毕业生求职择业的竞争加剧,再加上往年未就业的待业毕业生,如此庞大的供需缺口,势必给高校就业带来严峻考验。

(二)个人因素

当今高校大学生的自我意识和主体意识逐渐增强,在求职过程中除了考虑物质现实因素、职业上升渠道等之外,职业与个人兴趣爱好、个性释放的匹配度也已成为高校毕业生择业的重要考量指标。同时,在网络技术迅猛发展的背景下,大学生作为网络生态共建的主力军,其获取消化信息的渠道多元,对生活有自己独到的理解和追求;其思维灵活、行为活跃、主观性强、自我意识觉醒、更加追求个性和崇尚自我,但也正因此较易受到个人主义、物质功利主义、享乐拜金主义等消极思想的影响,从而导致当代大学生的理想信念和就业价值观出现偏差。

（三）家庭因素

除了系统教育之外，家庭教育作为当代大学生个体成长成熟的首要渠道，父母的文化程度、职业状况、家庭经济条件、家庭人际网络等诸多方面因素都深刻影响着大学生思想观念、行为模式和价值观的形成，家庭教育理念和教育方式也是影响大学生就业价值取向最直接、最深刻的因素之一，甚至部分高校毕业生通过家族社会关系作为有效的求职渠道，把家族对自己的期望作为求职的优先考虑因素。

三、对策建议

（一）思想"无价"——引导树立正确就业观和择业观

要想解决当代大学生普遍存在的求职价值观偏差问题，先要引导大学生对社会就业形势有清晰正确的认知，对自我定位有客观理性的研判。具体来说，需要将"职业无高低贵贱之分""先就业再择业""个人发展与院校发展是为一体"等观念潜移默化地传递给学生，使其意识到哪怕是所谓非知名企业、基层岗位一样能保证其实现个人价值，发挥个人优势。同时通过生涯规划指导、社会及媒体的正向引导等，畅通丰富多样的就业信息宣传渠道，纠正部分大学生存在的畏难、观望心理，提供专业充分的生涯教育引导，有针对地开展就业帮扶，打消大学生的困惑和顾虑，营造健康良好的高校就业环境。

（二）能力"无价"——加强求职技能指导培训

要帮助高校大学生树立正确的求职价值观，除了对其加强思想观念的教育引导之外，也要做好具体而精准的就业帮扶、职场技能培训指导等，最终促进高校毕业工作平稳推进落实。高校毕业生要想在求职大军中脱颖而出，实现与用人单位的"双向奔赴"，过硬的专业技术和实践经验是最基本的核心竞争力，同时高校毕业生对自我有清晰的认知，对职业有精准的定位，对生涯有明确的规划也同样必不可少。这就要求高校进一步加强对大学生生涯规划的教育指导，通过课堂讲授、专题培训、团体辅导、个别访谈、测评咨询等形式，帮助大学生增进对行业、市场的了解，提升对就业形势的客观研判能力，加强求职技能和职场发展能力提升，从而最终切实有效的帮助大学生正确择业、顺利就业、成就事业。

高校心理健康工作的"自觉性"问题探讨

在高压力快节奏的社会背景下，沮丧、紧张、孤独、焦虑等消极情绪已成为当今社会人的困扰，当今大学生也面临着来自学习、人际交往、人格发展、恋爱和就业等各方面越来越重的压力，精神崩溃、行为失控等心理应激状况时有发生，甚至还发生严重的学生自伤和伤人事件。良好的心理健康状况对大学生学习能力、思想政治素质的提高以及人生价值的实现等有着至关重要的作用，因此，高校必须高度重视大学生心理健康教育，探索新的工作方法和机制，通过动态掌握大学生的心理发展规律，从意识、体制、方式、研究四个方面提升工作自觉性，从而有效地开展大学生心理健康教育，切实做好高素质人才的培养工作，为学生的成长成才保驾护航，为国家的发展建设奠定坚实的人才基础。

一、意识自觉性

（一）将促进大学生心理健康作为高校育人重要目标

各高校日益重视大学生心理健康教育工作，将保证及促进大学生心理健康作为主要工作内容和育人目标，相关工作体系也逐步形成并完善。心理健康是一个动态的、积极的、持续性的概念。人本主义心理学认为，心理健康水平可以不断提高，现在心理健康的人可以向更高层次的心理健康发展。同时我们也应该看到，社会经济发展对大学生心理健康水平的要求也越来越高，科学技术的迅猛发展，全球化、现代化带来的价值观念、社会组织形态、人际关系和生活方式等方面的改变都要求大学生不仅要有良好的自我情绪调控能力，而且要有更高的心理健康水平和心理素质。所以，大学生心理健康工作应服务于所有的学生，其主要工作目的在于通过心理健康教育、心理技能训练等手段维护和促进大学生群体的心理健康。

（二）将心理健康工作列入学校整体发展规划

促进大学生心理健康是一项复杂的系统工程，需要从大学生综合素质教育、个体成长发展的高度予以重视，这就要求高校从顶层设计入手，将大学生心理健康工作列入学校长期整体发展规划，体现在素质教育和人才培养的全程，同时实现各部门工作联动，将心理健康教育工作始终贯穿于学校各方面、各环节、各阶段。

（三）将"以人为本"工作理念贯彻到心理健康工作中

要充分研究并掌握当代大学生的成长规律，根据大学生群体的心理发展特点和个性化发展需求，有针对性地开展心理健康工作。其中尤其要充分尊重学生的个性，在心理健康工作中，鼓励、支持和指导个性发展。同时还要充分尊重学生的隐私，不能将学生在接受咨询、指导和治疗过程中暴露的隐私作为评判考核学生的因素，影响学生入党、担任学生干部、评优和就业等重要个人发展工作。

（四）将"五个角色"的实践作为心理健康工作成效的标杆

在高校大学生心理健康教育工作中，施教者要充分认识并掌握心理健康工作者"五个角色"的具体内涵，并在工作实践中发挥各个角色的作用。其中，"心理咨询师"角色要求高校心理健康工作者加强对心理学理论知识的学习，提高心理危机识别、干预等专业水平，在实践中不断总结经验，帮助学生了解自己、认识自己，引导学生积极地面对各种困惑和心理问题，并学会运用科学的方法调节和缓解心理压力，以积极健康的心态面对生活和学习。"建设者"角色要求高校心理健康工作者通过成立学生心理工作社团，指导开展形式多样、内容丰富的心理主题系列活动，为学生搭建良好的心理交流平台，并组织开展心理健康教育活动普及心理健康知识，充分调动学生自我认识、自我教育、自我成长的积极性和主动性，通过组织开展形式多样的文体活动，帮助学生克服人际交往障碍，积极引导学生主动发挥在心理健康教育工作中的主体作用。"倾听者"角色要求高校心理健康工作者结合团体辅导与个别指导、线上与线下相结合的渠道等，耐心细致地倾听学生在生活、学习过程中遇到的困惑，引导学生树立正确的人生观、价值观，教会他们正确的待人处事方法，通过多种形式的心理辅导（挫折体验、行为训练、案例教学）指导学生排解紧张、焦虑的情绪，在这些工作开展的过程中要注意把握好尊重原则、保密原则和中立原则，并在倾听过程中有针对性地对大学生进行心理健康教育。"情报员"角色要求高校心理健康工作者在与大学生的日常接触中注意搜集学生的心理信息，建立大学生心理档案，及时向家庭及学校有关部门通报学生的实时状况，还可以通过定期开展心理普查，对容易产生心理问题的学生群体进行有效的监控和预防，做好大学生心理问题的预警工作。"表率者"角色要求高校心理健康工作者注意通过自身的人格魅力打动和感染学生，良好的人格魅力会对学生产生积极的示范作用，向学生传递一种健康积极的价值观，对其健全人格的形成具有不可忽视的作用，工作者可通过以身作则，率先垂范，让学生发自内心愿意接受其教育和辅导。

总的来说，高校心理健康工作者需要在日常工作中注重提高自身修养，通过不断学习业务知识，灵活转变运用不同角色身份，建立自身人格魅力，并以此去塑造和培养学生的积极心理和健康人格。

二、体制自觉性

虽然目前高校心理健康教育工作取得了很大的成绩，但仍然不能适应高等教育飞速发展的客观要求，不能满足广大学生日益增长的心理需要。因此，加强高校大学生心理健康教育工作的自觉性，做好包括心理学专业素养、针对心理教育工作制定的计划与实施的方式等工作需要引起足够重视。

具体到工作实践中就要求不断完善心理健康教育体系，充分发挥各系统、各环节在高校学生心理健康教育工作中的积极作用，建立起院—系—班—宿舍—个人"五位一体"、层层结合的较为理想的心理工作网络体系。其中，一级网络系统——学校心理工作中心，负责传达并执行上级有关心理健康教育工作的文件要求，组织开展对辅导员、学生干部的心理工作技能培训，及时向中心报告收集并反馈各院系学生的实际心理问题，做好组织指导，做出及时且有针对性的处理。二级网络系统——学院，学院专门成立由各年级辅导员组成的心理健康教育工作办公室，对本院各年级学生进行日常心理管理工作，做到对心理问题比较严重的学生一人一册，同时协调并配合学校心理中心对学生进行咨询、治疗等心理健康管理工作。三级网络系统——班级，包括辅导员、班导师、班干部等在内的人员，是伴随学生学习生活各个阶段的主要参与者，要通过加强对上述人员在心理教育方面的强化培训，使其具备能够敏锐地洞察大学生的心理问题，并能合理地予以干预、引导。四级网络系统——宿舍，寝室作为大学生在校园学习生活最基本的生活单位，与室友朝夕相处的时间甚至比亲人还要长，所以对大学生开展心理健康工作，还要充分调动寝室长的主观能力性，发挥其工作职能，对其定期开展心理培训，向院校定期反馈宿舍成员的生活状态，组织本宿舍成员参加心理健康教育活动，发现问题及时汇报，给需要帮助的同学提供心理支持。五级网络系统——学生个体，通过组织学生积极学习心理健康知识，参加各种心理健康教育活动，帮助学生掌握自我心理调节方法，同时掌握识别同学心理异常的技巧，做到在发现异常问题时及时反映或提供支持。这五位一体的工作网络体系环环相扣，自觉形成一套科学有效的工作流程，遇事则用，任何一环都不能忽略。

三、方式自觉性

（一）群体教育与个体教育相结合

茫然、失望、空虚、焦虑、紧张等是常见的大学生情绪问题，加强对学生个体的专注，专业引导，及时疏导，积极沟通，和学生一同找到导致其情绪问题的症结根源所在，将对解决此类心理问题有很大帮助。除了个体教育之外，还可通过发挥朋辈榜样的影响作用，比如定期召开年级例会、班会、团体分享等工作，将群体教育与个体教育相结合，帮助学生树立正确的人生观和价值观，将学生精力引导到学习的正确轨道上来。

（二）常规心理疏导和专业心理指导相结合

学生中出现的大部分心理问题都是较为轻微的，有时可能仅仅因为一时遇到学业困难、与室友发生矛盾、感情不顺利等，甚至自己都知道问题的症结所在，只是需要找寻倾诉疏导的渠道，或者换个思维方式即可解决。对于这类问题，高校心理教育工作者要耐心指导、劝诫，以情感之，以理服之，帮助其走出阴影。对于已经诊断为严重的心理问题，尤其是抑郁症、焦虑症等心理问题学生，要督促学生积极配合心理治疗机构的专业治疗，定期去心理中心进行专业心理咨询等。另外，学校心理咨询中心还应采用系统的心理测量方法，从学生入学开始就对全校学生的心理状态进行了解分析，对测评结果显示异常的学生做好档案管理，定期跟踪调查并及时提供适当的应对处理意见，同时通过对出现心理问题和心理障碍的学生进行个别咨询或治疗，定期针对大学生中经常出现的问题开展小组式集体咨询或集体研判等工作，充分发挥高校心理咨询机构的职能效用。

（三）学校教育和家庭劝导相结合

学校教育合理，家庭教育合情，家校建立畅通沟通渠道，常规化沟通机制，定期联系，主动交流，根据不同情况，从不同角度对学生进行引导教育，家校协同育人，共同帮助学生建立乐观、健康的心态。

（四）专题教育与泛主题教育相结合

大学生群体有许多共性问题，校方解决普遍性问题的方式也大多一致，比如通过年级、班级大会等进行泛主题教育，做好日常管理服务。同时，不同群体的学生也会发生个性化心理问题，其呈现形式或者问题性质也不尽相同，比如大一新生可能主要面临的是新环境的适应问题，毕业年级主要面临的是就业压力，中间年级主要面临的是时间精力管理、人际关系处理及情感问题等。还要分不同视角，针对不同人群开展有针对性的教育，比如开展女生专题教育会，疏导女生常见心理问题，针对新生开展励志和生涯规划教育，针对毕业班学生做好面试技能培训等，帮助其了解行业形势，督促其积极参加到毕就业工作中。

（五）主体培训与个别交流相结合

当前教育环境下，高校德育和心理健康教育专业师资力量仍相对不足，必须借助辅导员、心理委员等力量协同开展心理健康教育和学生心理状态管理。为提升工作效率，必须对这部分人员加强专业技能培训工作，助其认识心理工作的重要性和必要性，提高其助力心理健康教育的实践能力，同时组建学生心理监督队伍和心理指导队伍，完善学生五位一体的心理工作体制，建立学生异常情况的闭环反馈系统。

四、研究自觉性

除了意识自觉性与方式自觉性之外，大学生心理健康教育工作还要将理论与实践相结合，加强理论研究方面的自觉性，从研究方法、研究队伍、课程设置、研究环境等角度进行全方位深化提升。

（一）重视科学的调查研究

开展大学生心理健康教育工作需要动员全校、全员共同关注和参与，要将课堂教学加课外教育相结合作为主要工作渠道和基本环节，形成课内教育与课外指导、咨询与自助紧密结合的心理健康教育的网络和体系，通过多种途径去落实教育内容，做到及时发现、及早预防、有效干预，从而形成齐抓共管，共同关注学生心理健康的工作局面，引导学生树立积极健康向上的人生态度，从而实现我们的教育目标。

同时，高校有必要建立心理健康教育工作的研究基地，为广大从事心理健康教育工作的教师提供开展科学研究、工作交流的平台。积极开展大学生心理健康的调研与学术交流活动，进一步加强大学生心理健康教育的实践探索和理论研究，具体可以设立一批研究课题，开展学生心理状况年度调查，为切实解决大学生成长过程中的心理问题提供理论依据及有效的方法和手段。

（二）加强教师心理教育能力的培训，建设合格的师资队伍

做好大学生心理健康教育工作，队伍建设是关键。高校要努力建设一支以专职教师为骨干，专兼结合、专业互补、相对稳定、素质较高的心理健康教育工作队伍。专职从事大学生心理健康教育工作的教师既要保证足够的数量，又要坚持精干、高效的原则。学校要把对心理健康咨询教师的培训工作列入师资培训计划，增强培训力度，提高培训质量，通过严格全面的培训，不断提高教师从事心理健康教育工作所必备的理论水平、专业知识和基本技能，从而为心理健康教育工作提供一支高质量的师资队伍。同时还要重视对学生工作干部，特别是辅导员和班导师的培训，使他们有能力在日常思想教育过程中发现并帮助学生解决一些常见的心理问题，助力提高学生的心理健康水平。

（三）推动高校心理健康教育课程建设

心理健康教育课程建设是高校实施心理健康教育的主要载体。目前，市面上关于大学生心理健康教育、大学生心理咨询等教材和书籍品目丰富，但在课程建设方面，心理健康教育课程体系还不完善，心理健康教育的形式主要还是讲座加培训加选修课的形式，尚未真正纳入到高校的课程体系建设中去。学生对心理健康方面的知识了解还很不全面，重视度不高，还不完全具备运用所学知识解决常见困难的能力。

因此建议把心理健康教育课程作为高校的公共必修课，在高等学校开设心理健康教育课程，对待心理健康教育课程同对待其他专业课程一样，也要进行必要的教学考核，从而从教学角度加强大学生心理意识的正确引导和人格教育，传授必要的心理卫生常识，使学生学会运用心理学知识进行自我调适，时刻保持心理健康状态。

（四）优化高校心理健康教育环境

高校心理健康教育环境指校园文化、教育教学活动以及师生关系等能够对大学生心理形成影响的校内环境。其中，由于校园文化环境对学生心理健康工作的影响是潜在的、间接的，其作用较易被忽视。因此，高校必须加强重视，从人性化设计内容丰富、形式多样、主题突出的各类文化活动入手，为学生提供可以充分展示自我的舞台，为个体化发展空间创造有利条件，充分发挥高校的育人特色，挖掘育人潜力，为大学生心理健康教育创造合适的文化条件，打造自己的特色品牌，形成优良的校园文化环境，这对推进大学生心理健康研究工作不无裨益。

学生活动品牌建设与专业特色建设的关联性探究

实践育人是培养适应社会需求的合格大学生的重要环节，理论和实践结合、知行统一是提高学生专业实践能力的重要手段，其中开展学生活动是鼓励学生个体创造，促进学生个性发展，提高学生综合素质，实现学生全面发展的高校学生工作重要载体。很多学生除了完成专业学习之外，还参与产生各类课外实践活动，其对学生个体发展产生的积极作用不言而喻，但相对应的问题也比较普遍比较明显，比如学生活动可能占据学生大部分的课余时间，所以当学生时间和精力分配能力稍有欠缺，或者安排不当，就可能导致学生学习、实践活动间的失衡，甚至影响学生心理健康发展。因此，如何提升学生时间精力自我管理能力，帮助学生在学习和工作中找到平衡点，使得两者相互补充，相得益彰，是高校在设置学生课外活动的过程中所需考虑的重要问题。而一个集培养大学生专业实践能力和提升综合素质、发挥专业优势和育人特色于一体的学生活动品牌无疑能够起到积极促进作用。

一、学生活动品牌建设之于专业特色建设的效果融促性

（一）学生品牌活动为学生的专业实践提供了延伸平台

高校教育中，经常会出现这样一种情况：虽经过四年的学习，但相当一部分大学生却只机械掌握了专业书本知识，而专业实践能力和创新能力较为薄弱，人际关系处理能力也较差，很难满足未来社会工作实践的要求。针对这种情况，各高校逐渐将学生的创新精神和实践能力的培养作为系统化素质教育工作的重点。为培养学生的创新思维和实践能力，应充分结合专业特点、按照实践活动各环节的地位、作用和相互之间的内在联系，对学生的专业教育和实践能力培养进行整体系统设计，使课堂教学、实践与课外创新活动有机结合，构建较为完善的实践教育培养体系，并通过创建符合大学生成长发展特点的品牌活动，

形成规范化、科学化和制度化的课外实践活动体系。大学生课外实践活动在培养人才中发挥着愈来愈重要的作用，也引起了学校和社会的广泛关注，如今高校中的学生活动形式多样，内容纷繁，但活动品质也呈现参差不齐的状态，一个好的学生活动应该立足于和专业的有机融合，作为课堂教育的扩展和延伸，成为大学生进行专业实践的"第二课堂"。学生在参与过程中，其自主创造力能够得到最大程度的激发，主动将上课所学的理论知识转化成课后的实践成果，从而提升自己的专业实践能力，激发出自身对专业学习的热情和创造。

（二）学生品牌活动是培养学生综合素质的"第二课堂"

现代大学生的综合素质主要包括思想道德素质、专业素质、文化科技素质、身体和心理素质等。这些元素间既具有各自的独立性和特点，又相互联系、影响和制约。大多数大学生有着良好的物质生活条件，他们思维活跃，易于接受新鲜事物，学习能力也比较强。相对应的，由于他们在成长过程中受到较好的保护，使得不少大学生缺乏独立思考、独立生活和独立工作的能力，对家庭、学校有较强的依赖性，对社会现实缺乏了解，心理承受能力和抵御挫折的能力比较弱。在用放大镜审视现在的大学生心理承受能力不强、挫商和逆商较低等问题的时候，其实也应该从现行的家校培养机制分析深层原因。

从教育因素来看，大学生要成长为符合社会需要的高层次合格人才，需要从一条腿走路变为两条腿走路，既要具备较强的专业素质，又要具备优秀的内涵素养，既有丰富的知识储备又有满足社会需求的技能和创造力，使学生的知识技能与社会实践能够紧密结合，实现综合素质的全面提升，这样学生在步入社会后才不会有茫然无助感。

从机会因素来看，大学生缺少的是一个可供其进行素质锻炼的平台，而高品质、有特色的学生活动对于大学生来说，既是一个展示个性与风采的绚丽舞台，更是锻炼能力、锤炼品质的重要平台。通过参与学生品牌活动，学生可以开发自己的专业潜能，展示个人特长，并在此过程中实现个人心智、能力等的全方位历练，增强专业认同感和职业自信，实现综合素质的全面提升。

（三）学生品牌活动是培养学生团队精神的"催化剂"

所谓团队精神，简单来说就是作为团队成员所应当具备的大局意识、协作精神和服务精神的集中体现，团队精神的精髓在于尊重个人的努力和发展。张扬个性、各展所长保证了成员各自完成任务目标的可能性，而正确的协作意识和合理的合作方式则能产生最根本的内心动力，从而逐渐形成学生个体的团队精神意识，使得团队精神真正成为组织文化的一部分。

在工作实践中，一个兼具专业性和综合性的学生品牌活动，往往从活动的开始筹备、到活动的展开、再到活动最后的收尾总结往往要经过较长时间，其复杂性、长期性和持续性决定了需要有良好健康的团队合作氛围和分工机制。具体而言，为了保证各阶段活动的有序开展，实现活动效果最大化，要求从组建团队开始就做好细致分工，详细计划，各团队成员需在活动推进过程中通力合作，形成忙碌却又不失秩序的局面。所以，如何发挥协同合作的核心作用，形成团队向心力、凝聚力，达到团队个体发展和团队整体利益实现的统一，保证整个学生品牌活动的高效率运转，便直接关系到学生活动品牌建设的成功与否。

二、专业特色建设之于学生活动品牌建设的目标一致性

（一）专业特色建设的内涵

高校专业建设应以培养创新型人才和复合型人才为导向，突出专业特色和育人成果，培养具有全球化视野和国际交往能力的新时代发展所需的综合性人才。搞好专业特色建设，优化专业结构，是提高人才培养质量、办出专业水平和特色的重要举措之一。具体来说，就是要高度重视学科建设工作，大力加强课程体系的调整，优化人才培养方案，强化实践教学，加强教师队伍建设，形成自己的专业特色和品牌，这也有利于学校的特色发展，紧密结合国家经济社会发展需要，推进专业建设和人才培养，切实为同类型高校相关专业建设和改革起示范和带动作用。

（二）专业特色建设是学生品牌活动建设的立足点

学生活动往往占据学生大量的课外时间，纯粹机械的事务性活动不仅不会提高学生的实践能力，也不是高校开展学生活动的初衷。所以，学生活动应以保证学生完成本职学习任务和不影响正常教学秩序为前提，以有益于丰富学生生活、塑造学生完整人格、推进学生综合素质发展为主要目标，以有益于促进学生专业发展，锻炼学生专业实践能力，培养学生融入社会的能力为根本立足点。

大学生为了实现个人的专业理想和个人兴趣的有效结合，除了认真参与正

常的课外教学活动之外，相对成熟的学生品牌活动是学生实践课堂所学、发挥专业特色的重要载体。"实践是检验真理的唯一标准"，通过参与和所学专业联系紧密、组织性强、制度规范、流程设置完善的学生品牌活动，不仅能锻炼学生的社会交往能力、组织能力、语言表达能力、团队协作能力等，更重要，也更为根本的是，学生可以通过课外实践进一步地加深对专业理论知识的理解，发掘个人潜能，发挥个体特长，激发专业求知欲，探索自我学习方法，甚至找到未来职业发展方向。

（三）专业特色建设是学生品牌活动建设的重要目标

专业特色建设主要以突出专业优势、优化教学结构作为人才培养模式改革的切入点，以提高人才培养整体质量为最终目标。而学生品牌活动在开展的过程中，不仅强调人才培养与课外实践之间的结合，还强化了学生专业实践和社会实践能力的培养，不断激发学生学以致用、以践促学的灵感和激情，从而通过实现"以生为本"推动专业特色建设的步伐。

在传统的高校教育体制下，学生的学习方法和思维往往只能在一个定势的框架之中得到缓慢发展，其结果就是大多数学生的自身特点得不到激发，其强烈的求知欲得不到充分满足，因此给学生提供自主学习的空间和机会是很必要的。而学生品牌活动之所以能成为品牌，其最初的建立和开展往往是结合了学生的专业特色，与学生的专业发展相一致，让学生从开始了解活动开始就被其实践性和实用性所吸引。学生品牌活动是学生的第二课堂，也是教学的重要组成部分，不仅激发了学生的兴趣，培养个人能力，也巩固了学生的专业知识，培养专业思维，加强专业实践。

当"90后"辅导员遇到"00后"大学生
——针对"00后"开展思想政治教育工作的若干预想

现今高校的辅导员队伍中出现了越来越多的年轻面孔，辅导员被误认为是"师兄""师姐"的情况时常发生。"双零时代"的到来昭示着年轻的辅导员和大学生之间亦师亦友的关系成为当今高校思想政治教育工作的主要模式。"90后"辅导员作为一支年轻的队伍，具备特定优势也存在着一定的不足，虽然"90后"和"00后"在年龄上的差距并不是很大，且生活环境和成长背景相似，但"00后"仍然具备着"90后"所没有的个性化代际特点，这也是"90后"辅导员开展大学生思想政治教育工作的难点所在。本文将从"双零后"的特点入手，提出"90后"辅导员开展思政工作的若干预想。

一、认识"90后"辅导员

（一）"90后"的代际特点

大多数的"90后"都是家里的独生子女，是在父母双方长辈们的呵护下长大的，他们既不会像祖辈们为最起码的温饱而忧心，也不需要像"70后""80后"那样为了买房买车而努力奋斗，也正是因为如此，形成了"90后"如下的代际特点。

1. 追求独立自主

"90后"在成长过程中的最主要玩伴往往就是他们自己，父母对于孩子基本上都是有求必应，这就使得"90后"比较注重自身的想法，通常以自我意愿作为行事的原则。在生活中，"90后"习惯了在寂寞中寻求乐趣，有自己的一套休闲娱乐的模式；在工作中，他们注重自我成就感实现的个性会催生出许多新颖独特的工作妙想，但同时也会偶尔出现缺乏团队意识和协作精神的情况。

2．价值观具现实性

相比需要节衣缩食以求温饱的祖辈，"90后"的生活可以说是富足且充实。他们不仅有优越的生活环境，还能享有集全家人共同关爱于一身的幸福。这种成长环境也造成"90后"比较注重物质享受，急于在事业上攀升，看重社会声誉和地位。具体点来说就是注重功利，讲求实惠，强调个人本位，具有典型的现实主义性格色彩。

3．创新能力能力强

"90后"成长在信息爆炸的时代，融媒体格局的形成给人们提供了越来越多的信息便利，这也使得"90后"有更多的机会去接触并接纳新鲜的事物和概念。"90后"生活在这种日新月异的环境中，接受着良好的教育，从小就被培养创新的思维和意识，希望通过自己的努力获得自我成就和社会认同。同时，"90后"也渴望并乐于通过学习来接触新的事物，愿意通过各种途径来提高自己的竞争力。他们追求自我实现，拥有较为强烈的成才和价值意识，时刻想要通过一些契机来表现自己，渴望在职场中有更多培训和学习的机会，以实现自我价值。

（二）"90后"辅导员开展思政工作的特点

1．学生的良师益友

首先，"双零后"有着相似的生活环境，年龄也相差不大，加之这两个群体基本上都是独生子女，聚在一起很容易互相产生亲切感和好感，沟通起来也能更加容易和融洽。所以在实际工作中，很多学生相对更愿意称呼辅导员为哥哥、姐姐，师生之间基本不存在沟通壁垒和障碍，学生的问题也更愿意向辅导员进行倾诉和沟通，这样可以在很大程度上避免学生因为压抑情感和想法造成的不良后果。

其次，"双零后"所接受的教育也大致相同。相同的教育背景和相似的成长环境使得两个群体进行生活和学习的想法沟通时会相对容易，老师也可以更好地站在学生角度去引导和启发学生的创新性思维，帮助学生寻求更好更新的学习和工作途径。

再次，"90后"辅导员相比学生而言仅仅是早了几年踏入社会，其在学习方法、生活理念的引导工作方面较容易为学生所接受，在创业和就业过程中的经验也仍然可以为学生所学习和借鉴，可以更大程度地实现辅导员的"辅导"

和"指引"职能。

2．工作上的劣势

"90后"辅导员大多刚踏入社会，社会工作经验相对不足。或许有的辅导员在读书期间曾经做过学生工作，担任过学生会等学生组织的相关职务，但是在和同事交往以及以教师身份和学生沟通的经验方面仍然比较欠缺。由于缺乏经验的积累，"90后"辅导员对于思想政治教育工作技巧和方法的掌握运用还不够熟练，工作实效性较低。

另一方面，"90后"在成长的过程中备受家长呵护，基本一直处于众星捧月的关怀下，这就造成"90后"的抗压能力较弱，遇到挫折时的承受和应对经验也较为欠缺。所以在"90后"辅导员的工作过程中，常会碰到其本身的问题还没有解决，学生的问题自己也有心无力的情况，这可以说是"90后"辅导员开展工作的又一重要掣肘因素。

二、认识"00后"大学生

（一）"00后"的代际特点

在对2000年后成长起来的青少年群体的观察分析来看，这个群体大多具有以下的特点：比较以自我为中心，自信又敏感，抗挫性和抗压性不强；有一技之长；与时俱进，观念丰富多元；善于灵活变通，善于了解中国社会的主流观念和价值观，有自己独特的见解和更加现实的价值观，也不惧怕表达出来自己的想法，自我认同感很强；更加现实，市场消费观念强烈，但名利作用被过分强化；过于主张个性和自我，缺乏团队协作意识；网络时代的大背景下，获取信息的途径复杂，知识储备充实，但内心有时较为空虚……其中，由于"00后"的生长环境相对于"90后"来说更加的超前并贴近潮流，平板电脑、智能手机等高端电子产品蜂拥入市，各色网络交流平台层出不穷，共同开辟了网络时代的广阔事业，使得"00后"的信息和知识量更加的丰富，他们好奇心强、乐于接受并且善于适应新鲜事物，动手和协调的能力也相对较高。

（二）针对"00后"开展思想政治教育工作的现状及难点

虽然"00后"自信有自己的想法，但是他们也比较脆弱和敏感，害怕受到否定和碰到失败；他们的爱好往往令人难以理解，对于有些成年人来说更可能是标新立异和古怪；他们仿佛没有童年，从童年就开始变"老"，早早懂得成人世界的规则；他们金钱消费观念强烈，对于名牌过分热衷，同时名利作用也被过分强化；张扬自我个性，也正是由于太注重自我感受，比较固执，很难接受他人想法，所以"00后"也相对比较缺乏团队忠诚感。

三、"90后"针对"00后"开展思想政治教育工作应遵循的基本原则

针对"00后"的以上代际特点，"90后"辅导员可以充分利用和这个学生群体较小的年龄差距，以及自身所具备的诸如学生工作经验丰富、学历较高、思想较成熟等优势来展开思想政治教育工作。

（一）情理交融原则

首先，应当动之以情、以情感人，即带着深厚的感情去开展工作。具体来说就是要多采取平等交流、相互探讨的方式，聆听学生的心里话、关注他们、了解他们，成为他们值得信赖并能善解人意的知心朋友。这样才能更加容易向学生潜移默化地渗透思想政治教育理念，并为学生所接受。

其次，应当晓之以理、以理服人，即在对学生做思想政治教育时，以正面教育为主，注重用正确的思想、科学的理论武装自己的头脑，并能通过合适准确的方式传达给学生，真正做到以理服人。

（二）因材施教原则

具体来说就是要熟悉并了解学生的个体特点，以区别的态度对待不同的学生。比如对于思想基础比较好的学生，可以在肯定的基础上时刻提醒其不要骄傲，要更加严格地要求自己，克服自己的缺点和不足，以期取得更大的进步；对于思想基础比较弱的同学，要先了解其生活和成长背景，综合考虑他们的实际困难，激发他们争先创优的进取心；对于偶然犯错或者初犯的同学，也不要立即采取批评惩罚的方式，要以宽容和理解的态度加以提醒和教育，尤其是对于比较敏感的学生，宜采取暗示的方式、对性格内向的学生要用商讨的方式循序渐进的帮助、对于自尊心较强的学生要用迂回方式耐心疏导……

（三）大小结合原则

大道理要管小道理，小道理要服从大道理，这是思想政治教育的一条基本原则。大道理就是马克思列宁主义、毛泽东思想、邓小平理论、"三个代表"重要思想、科学发展观、习近平新时代中国特色社会主义思想这些指导我们党全

部活动的理论体系，进行党的思想建设、政治建设、组织建设、作风建设、文化建设、制度建设和反腐倡廉建设的理论基础。所谓小道理，就是生活中的身边人、身边事、自己的生活体会、他人的榜样作用等。一方面，辅导员本身要充分学习把握党的指导思想，坚持用辩证唯物主义和历史唯物主义武装头脑；另一方面，要在学生中间进行形式多样的思想教育，用科学的理论回答当今社会确实存在的现实社会问题。

四、"90后"针对"00后"开展思想政治教育工作的若干预想

（一）贴心交流，消除隔阂

辅导员同样也有过学生经历，深知新生们在入学之前都经历了千军万马过独木桥的紧张和压力，所以当他们走进大学校园，尤其是学习和生活节奏突然慢下来的时候，会有许多的不解和迷茫。加之有的学生是远离家乡到外地求学，之前由父母呵护的生活变成了现在必须凡事亲力亲为，内心的失落和敏感很容易给学生的身心带来一定的影响。有鉴于此，辅导员可以在学生入学之前先全面了解学生的情况，包括之前在学校的成绩和表现，家庭背景等学生基本信息。同时，可以在开学时以班集体全体见面会、小集体交谈会结合个别交谈的方式帮助来自相同或者邻近城市的同学们相互熟悉，产生亲切感和归属感，帮助学生度过比较困难的"心理断乳期"。

另一方面，许多"00后"都是家里的独生子女，父母全部精力往往都倾注在一个孩子的身上，对孩子的学习和生活的关心更是事无巨细，面面俱到。而此时的学生仍然处于青春期，过度的关注对于他们来说可能已经成为一种桎梏，他们会叛逆，他们会想要极力摆脱，长此以往，步入大学的新生会有一种解放的感觉，此时会走向另外一个极度渴望自由和独立的极端，行为和心理不受约束。此时辅导员可以以自己或者和学生相关的身边人的例子对学生进行引导，必要时可以让其尝试失败，亲自体验绝对的自由所带来的不利后果，有时会比苦口婆心的说教更有说服力。通过这些方法帮助其明确自由的环境是把双刃剑，大学的自由更是有限的自由，一个成熟的社会个体应当懂得承担和为自己的行为负责。

（二）借助军训，磨砺意志

军训为学生们拉开了大学生活的序幕。虽然有的学生已经经历过高中时的军训，对于他们来说，军训意味着身心的双重考验，但大学军训的真正目的并不在此。教育部、总参谋部、总政治部印发的《学生军事训练工作规定》的通知（教体艺〔2007〕7号）中指出："通过军事训练，使学生掌握基本军事技能和军事理论，增强国防观念、国家安全意识，加强组织性、纪律性，弘扬爱国主义、集体主义和革命英雄主义精神，磨炼意志品质，激发战胜困难的信心和勇气，培养艰苦奋斗、吃苦耐劳的作风，树立正确的世界观、人生观和价值观，提高综合素质。"由此可见，大学军训工作蕴含了丰富的思想政治教育内容。较之高中生而言，大学新生经过了高考的历练，心智和思想都变得更加成熟，此时的军训将会给他们带来全新的思考。但考虑到"00后"学生追求自由，容易出现偏激和激动的心理特点，不能以单纯说教的方式向其灌输思想政治教育的内容，可以在军训的额外时间里安排同学们聚会团建，一方面可以缓解学生因为军训带来的疲劳，另一方面可以使其在一种轻松的氛围内自觉主动地接受思想政治教育。

（三）特色活动，从网络到现实

"00后"作为信息爆炸时代的生力军，其思想触角已经通过各种媒介伸展到了社会的各个角落，大量的信息、多样的游戏充斥着他们的生活。在网络上获取知识的同时，他们还建立了极具个性化的网络人际关系。从小与各类媒介设备为伍的他们，日常生活中通过媒介交流的时间远远超过人际实际交流时间，很多时候甚至出现了在线上和在生活中完全判若两人的情况，与人合作及沟通的能力普遍较弱。"同学们都在玩微博、网络社区、贴吧"很多学生如是说，学生把大部分的时间花在了网络上，大家在网上交流起来甚至比在现实中更加得心应手。所以，如何将学生的注意力从网络上转移到社会实践和人际交往的实际生活便成了辅导员面临的重大课题。针对"00后"的关注范围和兴趣特点，辅导员可以将班会活动或者班集体活动开在课堂外，用实际例子感动学生；又或者开展温馨宿舍评选活动、"今天你拥抱了吗"等活动增进同学之间的感情，消除大家因为网络带来的隔阂。

另一方面，虽然虚拟世界在一定程度上妨碍了同学之间的现实交流，但不可否认的是，学生在虚拟世界中扩大了视野、丰富了知识。同时，由于网络本身所具有的便捷性，使得辅导员可以在最短的时间内掌握学生的动态，方便师生之间的交流和沟通。所以辅导员可以借助现在的微博、QQ、微信，各类公众号等网络平台构架起和学生之间的沟通桥梁，使学生在面对面沟通时表达不出的想法能够在网络上传达给辅导员，此时辅导员就可以及时了解学生实际状态，并有的放矢地解决学生的实际问题，对其进行教育和疏导。

（四）让"我"变成"我们"

在各种社会现象和纷繁复杂的各类传媒信息的共同作用下，当代大学生的道德理想和心理难免出现功利化和实用化倾向，加上"00后"多为家里的独生子女，习惯了被呵护和宠爱，不擅长换位思考，导致了一些"00后"的学生存在自我意识较强、团队意识较差的情况，他们关心的只是"我"的感受和想法，而不甚注重"我们"的利益。此时可以考虑将对学生思想道德的考量作为对学生进行综合评价的标准之一，通过对学生的学习和日常生活的观察，评价学生能力、情感、价值等成长发展要素，必要时可以量化为学分，让学生将提高自身的思想道德水平作为必修的功课，以弥补所存在的性格问题。

二、大学生生涯成长指导工作杂记

知恩感恩，且行且长——生涯成长记之感恩篇

感恩是我每年在新生入学教育上都会分享的主题。我们需要常怀对父母、老师、同学、朋友等所有生活中遇见的感恩，开启全新的人生之旅。感恩是一种处世哲学、生活智慧。鸦有反哺之义，羊有跪乳之恩，若我们被自私一叶障目，也就把自己桎梏在了绝望的深渊。在生活中，我们不能理所当然、理直气壮地去索求，因为没有任何人有义务无条件对我们好，包括我们的父母。也正因此，我们更要用心体会，学会感恩，感恩善意，感恩逆境，感恩美好，感恩磨难，感恩所有生活的馈赠，感恩一切人生的经历。

当代著名教育学家诺丁斯认为，关怀最重要的意义在于它的关系性。关怀是处于关系之中的一种生命状态，它最基本的表现形式是两人的连接和接触，一方付出关怀，另一方接受关怀。而所谓感恩教育，就是教育者运用一定的教育方法与手段，对受教育者实施包含识恩、知恩、感恩、报恩和施恩的人文教育活动。既是一种以情动情的情感教育，更是一种以人性唤起人性的"人性教育"。它不是一种教育方法，而是一种教育理念、一种教育思想，是当今高校教

育的重要组成部分。当代大学生感恩教育出现的诸多问题，其原因是多方面的，既有家庭和学校在感恩教育方面的缺失，也有社会不良因素带来的负面效应，还有大学生自身的个性问题。加强大学生感恩教育，对弘扬中华民族优良的传统美德，培养大学生健全人格和健康心态，实现大学生的全面发展，构建和谐高校校园、和谐社会都有着十分重要的意义。

感恩教育是每个大学生成长的必修课。自入职以来，在每一届新生入学典礼上，感恩都是我不变的分享主题。在日常工作中，我也会通过创新形式和内容，潜移默化地将感恩思想渗透到学生的内心，切实达到"从心感恩"的教育目的，而不仅仅是流于形式走走过场。比如，在迎新当天走访全部新生寝室，一对一和学生家长进行沟通，建立一生一册，定期动态更新，做好线上家访，及时收集家长反馈，从源头开始建立良好的家校关系等，让学生暖心，让家长安心。

一、感恩教育的现状及意义

（一）当代大学生感恩教育的现状

学校教育方面，早期学校教育所呈现的重智育轻德育，缺乏感恩教育实质内容，教育方式单一，教育理念概念化、形式化等，是导致当代大学生在成长过程中感恩意识淡薄的因素之一。

家庭教育方面，受"唯分数论""唯升学率论"教育模式的长期影响，父母往往更多关注的是孩子的学习成绩，而忽略了基本的道德和感恩教育，从而导致在日常生活中与子女沟通不畅，摩擦频繁，代沟明显。

成长环境方面，当前社会已进入"独生子女时代"，"421"的家庭模式成为基本社会生活特点，"集万千宠爱于一身"的当代大学生逐渐成长成自我观念较强、社会责任感淡薄、缺乏感恩意识的一代，"事不关己，高高挂起"的心态较为普遍，在择业就业时也比较注重实质利益，追求务实主义。

（二）高校开展感恩教育的意义

1. 有利于调适家庭氛围

随着国家经济的飞速发展，人民物质生活条件日益改善，加之如今大学生大多是独生子女，家长对于孩子几乎有求必应，"一家人围着一个孩子转"已是司空见惯，甚至对孩子的某些错误行为也过度容忍，过于包容。孩子们早已习惯于家长无条件的给予，导致他们独立性不强，不懂得珍惜父母的养育之恩，对身边事物态度冷漠，甚至有些学生出现人格发展不健全。高校汇聚了来自全国各地的优秀学生，但这其中也不乏因高考前全家人只以学习为重而压力极大的孩子，一旦触发情绪燃点，这样的孩子就极易出现逆反，甚至发生恶性事件。几年前，"北大学生弑母案"震惊全国。一个平常优秀乖巧的北大高才生，竟然将自己母亲杀害并试图分尸，其在庭审现场上的淡漠表现更是让人唏嘘。从这一案件我们便可看出，在专制型的家庭环境下成长起来的孩子更易出现情感淡漠、心理问题，甚至是价值观扭曲。"慈母手中线，游子身上衣。"尽管亲人间血脉相连，但若父母和孩子缺少情感沟通、思想交流，那么父母和孩子之间将会永远隔一堵墙。

2. 有利于建立和谐社会

正如梁启超先生所说："故今日之责任，不在他人，而全在我少年。"大学生作为这代人中的佼佼者，他们的思想素质及道德水平直接体现了我国的整体人才素质及未来发展方向。然而，随着信息化时代的到来，五花八门的思想和复杂多元的信息占据着大学生成长的各个阶段，深刻影响着大学生的思想观念和行为模式，给大学生的个人发展迎来机遇的同时也带来了严峻的考验，尤其在各种网络负面思想的传播下，心智尚未完全发展成熟的大学生的人生观、价值观受到了不同程度的影响，"毒鸡汤""躺平摆烂"等消极的思想言论极易导致大学生对生活、对社会产生不满，缺乏感恩意识。

中国是文明古国、礼仪之邦，拥有悠久的历史和深远的文化，感恩就是中华民族的传统美德之一。对于新时代的大学生来讲，尽快而有效地对其进行感恩教育，一方面可以提高他们的思想道德水平，使其知恩、感恩并付诸行动；另一方面对于民族文明的传承具有重要意义；此外还能正确引导他们处理好各种社会关系，树立正确的价值取向，从而进一步促进社会的和谐发展。

二、开展感恩教育的方式方法及创新性成果

（一）个性化定制，建立情感联结

感恩教育是大学生思想政治教育的重要组成部分，一线辅导员应在工作实践中及时总结经验，创新工作思路，通过多种渠道、运用多种方式，建立家校共建关系网，让学生学会感恩，增强学生社会责任感、家庭责任感及个人使命

感，比如通过开展"大学三封信"、寝室面对面辅导员工作法等工作，依托信件交流、面对面交流等渠道，对学生进行一对一个性化指导，解决学生学习生活中的困难，帮助学生轻装上阵。

须知单纯做一个心理测试，再写几篇文章是远远不够的，德育工作是用一颗心去温暖另一颗心的过程，比如针对学生开展定制化生涯规划指导，一方面，一对一沟通有利于消除师生沟通壁垒，建立情感联结，便于潜移默化地将感恩思想渗透到学生内心；另一方面，通过具体问题具体分析，满足学生的实际需求，有利于针对学生的具体问题给出特定方案，对于在感恩思想上有困难的学生及时予以纠正和引导。

（二）营造感恩教育的良好氛围

为学生营造一个充满感恩氛围的校园环境是高校开展感恩教育的一个行之有效的途径。高校在对大学生实施感恩教育的过程中，可以根据社会和时代特点开展主题性和针对性的教育活动，比如通过为学生提供生涯指导，组织召开感恩主题班会、开设感恩教育主题课程，组织学生参加有益的感恩实践活动。又如义务劳动、献爱心等一系列活动，教育引导大学生充分发掘自我教育潜能，提高感恩教育认知，让学生在社会实践中体会到对自己、对他人、对社会的帮助和感恩的快乐，同时锻炼学生的实践能力。

（三）个人创新性工作尝试

搭建桥梁。"大学三封信"是我在新生入学的第一个国庆节，布置的学生与父母分开一月后重聚的假期"作业"。作业要求每个学生通过信件交流的方式，写下昔日未曾对父母说出口的话，为每一个家庭中的两代人搭建起心灵沟通的桥梁。该工作的顺利开展和实施，加强了学生与父母间的情感联络，让学生更加清晰认知到父母的付出，懂得感恩，主动在今后的家庭生活中担起一份责任。

以身示范。高校一线辅导员应在与学生接触时做到言行一致、平易近人、民主公平，真正使学生尊其师而信其教，关爱自己所带班级的每一位学生，特别是对有心理问题、学习困难、家庭经济困难的"三难"学生，要给予他们更多的爱护和帮助，比如定期关注，多找他们谈心，了解他们的实际困难及问题，不忽视或放弃任何一名学生，让他们重拾信心，快乐度过美好的大学时光，带着成功和喜悦走出校门、走向社会。

感恩是一种大智慧，也是每个人人生的必修课。唯有心存感恩，方可找到人生的真谛，唯有怀着感恩的心看世界，才不会对世界心生怨念。"恩欲报，怨欲忘。报怨短，报恩长。"几千年来传承下来的思想深刻诠释着中华民族优良的传统美德，拥有五千年悠久历史文化的中华民族是一个知恩图报的民族，而我们，也要心存感恩，成小我，固小家，为实现中华民族伟大复兴而添砖加瓦！

自强不息，生涯可期——生涯成长记之自强篇

如果非要用一种颜色去形容生活的话，我的答案是"五颜六色"。生活中有许多值得我们去探讨、探索、探求、探奇的领域，无论好坏，都是来自生活的恩赐，是需要我们穷尽一生去努力追求的幸福。我们常说机会总是垂青有准备的人，那么怎样才能算是有准备？是把自己活成一本百科全书，还是相信一隅之间亦有天地？这就好像是问衡量幸福和成功的标准是什么一样，自己的内心便是答案。生活中太多的人总是本末倒置地追求着徒劳枉然，殊不知不同的人有不同的精彩，而我们要做的就是始终不忘自己的初心，牢记时代赋予我们的使命，自强自立，自信自在。如此，就好。

一、自强不息之于生涯成长

刚步入大学生活的青年学子，对未来的一切都充满着好奇和探索。人世纷纷扰扰，前路飘忽不定，荣誉得失无人晓，荣耀也好，落魄也罢，都不应阻挡他们自强不息的脚步。当代大学生应自立自强，以无畏之姿面对人生的种种考验。唯有自强不息，唯有坚持，幼苗才能长成参天大树，雏鹰才能成长为天空王者，世间万物终是因自强向上去展示着自己强大的生命力，这是自然界亘古不变的法则。自强能点石成金，化腐朽为神奇，没有任何一种成功不是靠它来成就的。

"一寸山河一寸血"是战士感人肺腑的自强，"零落成泥碾作尘"是雅士此心无怨无悔的自强，"我辈岂是蓬蒿人"是诗仙心中奔腾烈酒的自强……世事殊异，唯有自强，磨炼出峥嵘的头角，像生命源泉在不息地涌动，激荡着代代无

尽的心胸。这对我辈青年有很大的借鉴意义，自强不息对走好我们未来漫漫人生路至关重要。当今社会，唯有吾辈青年风华正茂、书生意气、挥斥方遒、自强不息，中华民族才能傲然屹立于世界之林，世世传承不绝。

孟子曰："天将降大任于斯人也，必先苦其心志，劳其筋骨，饿其体肤，空乏其身，行拂乱其所为，所以动心忍性，曾益其所不能。"在我们的成长过程中，如果不坚定自己的信念，自立自强，砥砺前行，那就会一切成空。固守好自己的初心，自立自强对我们大学生自我成长和生涯规划都有着重要的意义。可以说，自强是成长规划的基本前提和重要保障。

无论是刚刚迈进大学校门的新生，抑或是正在奔忙于各种招聘会的毕业生，都需要做好理性自我评价，找准自身的定位，提前规划生涯职业方向，制定中短期目标，并为此做出实际努力，这些是我们势在必行的，其中提前做好大学生生涯成长规划对于新生而言尤其必要，而树立自强自立的意识理念是我们每个人成就生涯、实现理想的强大内动力。如果说大学生生涯成长规划是一张有待填充的色卡，那么自信自强等的信念就是五颜六色的颜料，要想绘画出属于自己独一无二的远景图画，自信自强不可或缺，而没有合理且明确的生涯规划，我们也很难寻找到属于自己的色彩。

二、如何走好自强不息之路

(一)牢记初心使命，是自立自强的基石

《周易》有云："天行健，君子以自强不息。地势坤，君子以厚德载物。"从古至今，时代都要求我们做一个自立自强的人，如君子应果行育德，容载万物，刚毅坚卓，发愤图强。自强而待行世，成功便不远矣，而始终牢记初心使命，是我们青年自立自强的基石。

自立自强，牢记初心使命首在"正心"。所谓"正心，修身，齐家，治国，平天下"。故欲修其身者，必先正其心。"正心"主要是情感修养和价值提升，是自立自强于世的根本前提和要求。当代大学生追求的是德才兼备全面发展，求学路上，我们不断积累才学智慧的同时，道德修养也须完备，正心修身，从小事做起，从生活做起。

自立自强，牢记初心使命重在"诚心"。即便有道德信念的驱使也不一定能产生道德行为，因为可能还存在个体意志薄弱的问题。要想提升个人道德修

养，就必须意志坚定，心怀诚意。人生修养应"先立乎其大者，则其小者不能夺也"，其中"大"就是志向大义，"小"就是个人小利。对我们当代大学生来说，"大"就是对马克思主义的信仰，对社会主义和共产主义的信念，我们必须心怀诚意，才能坚定地向着目标不断前行。

自立自强，牢记初心使命贵在"笃行"。自立自强、牢记初心使命不能只停留在口头上，最终还是要做到"知行合一"。《中庸》有言"博学之，审问之，慎思之，明辨之，笃行之"。这句话阐释了为学的几个层次，"笃行"是为学的最后阶段，就是凡欲学有所得，就要努力践履所学，使所学最终有所落实。而"笃行"之所以成为为学的最后环节，是因为它是有无所学，或学而有无所得的最后检验和落实，不经此一环节，就无法证实是否真有所得，或所学是否正确，有明确的目标、坚定的意志，才能真正做到"笃行"。

自立自强，牢记初心使命要在"约礼"。坚定理想信念，牢记初心使命不仅要勤学慎思、明辨笃行，还要约之以礼、守之以规。我们当代大学生必须涵养道德操守，明礼诚信，怀德自重，保持严肃生活作风，培养健康生活情趣，心中有畏，行有起止，慎独慎微，方能展示出新时代中国青年的良好风貌。

（二）学会创新自信，是自立自强的源泉

学习是学生的首要任务和终极课题。我们常说"活到老，学到老"，学习贯穿着我们每个人的一生，而创新是学习的高级层次，是创造性的学习。中华民族是崇尚学习创新的民族，中国古代先贤提倡每天都要学习和实践新知识新技能，所谓"苟日新，日日新，又日新"，强调"学而时习之""温故而知新"，主张因时变易、改革创新。正如习近平总书记在纪念刘少奇同志诞辰120周年座谈会上的讲话中所指出的那样："重视学习是我们党推动事业发展的成功经验。"作为新时代的接班人，我们更要积极响应党和国家的召唤，重视学习创新，不断自我提升。

自力更生是中华民族屹立于世界民族之林的奋斗基点，自主创新是我们攀登世界科技高峰的必由之路。高校大学生是社会上最富活力、最具创造性的群体，理应走在创新创造的时代前列。如今，党和国家为我们创造出了良好的学习和生活条件，提供了创新发展和施展才华的广阔舞台。展望未来，新时代的大学生青年需要切实提高自立自强意识，厚积学习创新自信的源头活水，才能站在"长江后浪推前浪"的时代潮头，激发"一代更比一代强"的青春梦想，努力为实现中华民族伟大复兴的中国梦贡献青春力量。

（三）学会勇担责任，是自立自强的保障

当今社会飞速发展，迫切要求大学生始终保持勇于负责、敢于担当的自信定力，这对增强自立自强的信心至关重要。所谓责任担当自信，就是对国家的责任感、对时代的使命感、对人生的尊重感，在党和人民需要的时候敢于挺身而出，能够担起重任。我们从小就一直渴望成熟，而成熟就意味着责任，我们只有树立远大的理想，把个人的奋斗目标与国家民族的前途命运紧密结合起来，自觉承担起时代赋予我们的历史使命，才能够做到真正的成熟。在生活中，学会觉醒责任，就要从关爱所处的集体和身边人做起，热心公益事业，关爱社会，把奉献作为自己应当承担的责任；学会自觉地承担责任，需要信守承诺，勇担过错及所造成的后果，经常反思自己的言行；学会踏实地履行责任，就要在承担责任中不断地成长，必须有艰苦奋斗的担当精神，以朝气蓬勃的精神风貌、自强不息的意志品格、甘于奉献的思想境界，脚踏实地从自身做起、从点滴做起。努力成为可堪大用、能担重任的栋梁之材，为实现中华民族伟大复兴的中国梦而奋斗。

三、如何开启生涯成长之行

带着对人生的种种憧憬和向往，我们踏入了大学校园。经过了四年的厚积薄发，我们终将迎来更加严峻的人生挑战。在高校就业压力日趋沉重的当下，更需要大学生提前做好生涯成长规划，这不仅是大学求学的终极目标，也是实践人生的先要条件。

（一）正确自我评价

自我评价是人的自我概念的重要内容之一，其前提是要有自我意识。只有当人具有自我意识的能力，才能相对正确地进行自我评价。学会自我评价对自我发展、自我完善、自我实现都有着特殊意义。首先，自我评价具有重要的社会功能，它极大地影响人与人之间的交往方式，决定着一个人对待他人的态度，还影响对他人的评价；其次，自我评价往往折射出一个人对自我价值和社会价值的认知程度；最后，自我评价是自我诊断、自我调节、自我完善的过程。在学习生活中，大学生应该通过主动确立学习目标，合理规划，客观评价，及时总结，并且以问题和结果为导向，做出改善提升，最终实现既定目标，这正是自我评价导向功能的实际体现。

（二）合理生涯计划

作为刚进入大学的新生，我们都曾对未来充满着憧憬和向往，未知伴随着挑战，也带来了无限的可能。如何能在这无限的可能性中找到自己的方向，科学合理地制定计划便是最好的"捷径"。制定合理的生涯计划一是能让我们在推进过程中有条不紊，不乱阵脚。二是在达成小目标的同时可以催发出更多的内生动力，以激励我们朝着下一个目标继续努力前进。比如学期计划就可以按照学习和生活分别做出以下几点细化：关于学习，我们先要有正确的学习态度和求学观念，无论什么时候都不能丧失对学习的热情，学无止境，只有不断地学习才能帮助我们成为一个更好的人，我们可以在大学前两年争取到必要行业技能和入职门槛证书，大三重点做好专业实习实践，大四重点提升求职技巧和职场技能等。关于生活，很多大学生或许都是第一次离开父母异地求学，在与同学师长相处的过程中，我们可以通过参与课内外实践以培养人际交往能力，努力做一个进退有度、文明守礼、有集体荣誉感和团队协作能力的人等。有一个合理的计划去激励我们不断前行，相信美好的未来就在不远处！

（三）做好职前准备

在互联网日益发达的今天，形形色色的新兴行业应运而生。作为一个即将踏入社会的大学生，我们不应"不识庐山真面目"，而应拨开层层迷雾，去找到自己在其中合适的位置。我们可以从自己的专业出发，了解行业形势，掌握行业发展规律，根据自身优势和兴趣，选择具体方向，并提前针对性地做专业知识积累和实践。变化是生活不变的规律，未来因为未知而精彩，它充满着绝对的挑战和很大的未知数，只有从现在不断地提升自己，才能做到有备无患。

"朝为田舍郎，暮登天子堂；将相本无种，男儿当自强。"人生是一条我们陌生的旅途，前面也许是比来路还要艰险的去处，但天行健，君子以自强不息，只有坚守脚下的土地，不断地进取，不懈地奋斗，才能让信仰发光，灵魂独唱！

常思己任，担当尽责——生涯成长记之责任篇

新生入学教育从一定意义上可以说是大学新生的成年礼，所以我分享的第二个主题就是自我责任意识的培养及社会责任意识的建立。前者要求我们对自己的生涯、生活、生命始终保持严谨负责的态度，认真踏实走好人生的每一步，同时还要做好对自我管理、自我建设和自我成长过程中问题的探索和思考。后者要求我们在做好自己的同时，还要有社会责任感、家庭责任感、职业荣誉感等，这是每个成年人必须履行的使命。

其实，自每个人出生开始就已经在承担责任。生于这个世界，我们先要对自己负责、对父母负责，长大成人后，就需要对国家负责，对社会负责。关于责任，重要的不仅是你愿意承担多少，也在于你有能力承担多少。大学生的成长成才关系到民族的兴衰、国家的未来，对其进行责任意识的培养是高校思想政治教育工作的重要环节。但随着时代的变迁，大学生的代际特征逐渐发生着转变，其在思想观念、价值取向、责任意识等方面暴露出了不少问题，特别是责任意识的缺失，要求家校必须有意识地加强对大学生责任感的引导和培养，逐渐内化为责任品质，最终帮助大学生成长为既有责任感又有责任能力的新时代青年。

一、关于责任

人类对于责任的思考和践行从未停止，责任在字典中的释义是指分内应做的事，一般分为两种，一种是对自己负责，一种是对环境负责，即个人责任与社会责任，两者有着不同的内涵和承担方式，但是都同样重要。"世界上有许多事情必须做，但你不一定喜欢做，这就是责任的含义。"与义务不同，承担责任并不完全意味着承担法律责任，但是有可能需要付出更大的代价。

（一）个人责任

关于个人责任，曾经有人做过一个问卷调查，请受访者回答他们认为在生活中首先需要对谁负责，选项除了包含人们生活中常见的各种角色，还包括自己，令人意外的是，大多数受访者选择的是除了自己之外的选项。培养个人责任感从一定意义上是提升一个人精神品质和道德素养的内在要求，自尊自爱、自律自强，可以说是为自己负责最好的方式。只有当一个人认识到个人价值的实现对于推动社会整体利益发展的重要意义，才能更好地自律地进行自我培养和提升，有了对自己负责的能力，才能更好地对他人负责，主动地关心他人、服务集体，如此良性循环，最终不断增强对自己、对社会负责的责任意识，主动承担起新时代的社会责任。

（二）社会责任

人是社会关系的产物，任何人都不是独立的存在，应与他人和环境相互联系，这种共生性要求人与人之间互相提出要求或者相互认同，没有了人和人类社会，也就无所谓责任了，这是人的本能，也是社会的本质。"当集体中少数与集体的意见不一致的时候，仍然需要集体中的每一个人来承担。"这是法律关于集体责任的规定，集体责任不单单的是承担，更重要的是愿意为这个集体负责。每一个人在集体和社会中所扮演的角色都不尽相同，所要承担的责任也不尽相同，这是社会责任的特点，也是社会发展的需求。一个中学生的责任基本上就是努力学习、健康成长，但对于一个大学生来说，其责任就需要逐步提升为全面发展，服务社会，努力实现从承担个人责任到践行社会责任的升华。由此可见，责任是需要随着环境的变化、个体的成长不断调整的，"天下兴亡，匹夫有责"顾炎武的这句话就是对民族责任、青年担当很好的阐释。同时，社会责任也符合"人类命运共同体"发展理念的要求，这是需要全世界每一个人努力维护、共同构建的人类社会责任。

二、责任意识的建立

（一）责任意识的含义

责任意识是个体对责任的认同和接受，是一种自觉、自律的自我约束，是实现责任的内在要求。责任意识是履行责任的前提，对个人行为模式的发展起到推动作用，责任意识的强弱影响着行为的落实，是一种内化了的思维模式和行为规范，是个体与社会相互作用、相互影响的内在动力，是每个社会人都不可或缺的。个体缺乏责任意识，不仅可能导致自身失范，更会对环境造成影响。责任意识与担当精神的培养需要全社会的共同努力，首先，责任意识并不是简简单单的某个精神品质，它是一种价值观，是一种能够主动担当并有自觉意识的能力，所以责任意识的培养不是一蹴而就的，需要在一个人的成长过程中潜移默化地去影响形成；其次，培养责任意识，需要先明确自己当前的任务。比如作为一名大学生，学习已经不单单是义务，更是我们提升综合素养，为日后服务社会，担负所必须承担的社会责任和时代使命。

（二）培养责任意识的途径

1. 加强思想引领，坚持正确的价值导向

培养责任意识从一定程度上说也是培养正确的人生观、价值观、世界观。只有加强对大学生的三观教育，加强思想引领，坚持正确价值导向，才能促进学生形成责任意识的内在动力。具体来说，可以通过发挥高校思政教育理论课主渠道的作用，同时思政教育队伍还应注重创新工作方法，采取学生喜闻乐见的活动行为，比如团队建设、主题征文、心得分享、个人访谈、实地走访、视频观赏等形式，对大学生加强社会主义核心价值观教育，营造一种有格调、高层次的校园文化氛围。

2. 参与社会实践，践行责任担当

参加专业和社会实践，是大学生了解社会、体验民生、认清国情、锻炼能力、实践专业所学、培养社会责任感的重要途径。通过引导大学生走出课堂、走出校园、深入社会，用理论指导实践，用实践加深理论，在实践中加深对社会形势的了解，对社会责任的认知，正确把握社会发展的主流趋势，才能牢固树立国家主人翁意识，真正主动地承担起社会责任，担负时代使命。

青年兴则国家兴，青年强则国家强。作为对未来国家发展发挥主体作用的骨干力量，大学生应该拿出实干的精神气和十足劲头，立足本职，刻苦学习，勇于承担时代赋予的责任、历史赋予的使命，增强承担责任的综合实力，为实现新时代的中国梦贡献出自己的力量。

修养安魄，细行律身——生涯成长记之自律篇

自律的作用永远大过于他律，同样地，自助永远大过于他助，这是我在产后重度抑郁的时间里进行自我救赎时最深的体会。人生不如意十之八九，我们很多时候只看到了别人如何的光鲜，但其背后有多少的无奈和痛苦我们无法体会，没有经历就不要去妄加评判，没有体会也不要去妄自菲薄。所以在心理建设方面，我们要当个"短视"的人，不去看、不去比、不去想，也就无从滋生烦恼。"庸人自扰"更像是拥有大智慧的智者告诫后人的一句人生箴言，其精髓不在于"庸"而在于"自"，万般皆无奈，万般皆自扰。当然，不是所有人都能做到这样的开悟，我们都是平凡人，生活中能有几个圣人？所以在无法改变环境时，我们就要尝试去适应，这是对环境负责；在需要帮助时，我们就要放下心防和顾虑去寻求帮助，这是对自己的负责；在我们发现别人有困难的时候，主动去问候，哪怕只做个树洞，也是对他人负责。"良言一句三冬暖，恶语一言六月寒"，我们要对自己宽容，也要对他人善良，如此一生，问心无愧足矣。

大学中有专业设置，但人生中就没有这样明确的界限划分，所以学无止境不仅指的是对本专业的悉心钻研，也指对生活中不同领域的不懈探索和尝试。同时自律的作用永远大过于他律，能力决定一个人出发的起点，而品质却决定一个人上升的高度。为此培养一种自律的心态和良好的学习生活方式是非常有必要的，毕竟当你愿意奔跑，全世界才会为你让路！

自律是战胜自我的能力，是成就自我的决心，是需要经历漫长的时间才能感受到的成就感，它或许不会为我们带来成功，但必然会促进我们成人。自律的养成需要在内因和外因的共同作用下实现，其中内因是一个人强烈的内在追求，外因是外部环境的影响，两者的相互作用才能让自律成为一种主动内生的品格习性，而非被动承受的压力负担。

一、校园内的自律现状

（一）懒惰成了习惯

宁愿踩点进教室也要多睡几秒，就算食堂近在眼前仍宁愿找外卖小哥"救命"，水果要买手切的，脏衣攒够一桶的……这些现象几乎是当今大学校园生活的常态。相对于早期教育来说，大学更主张自主学习和生活自立，大量的课余时间和骤然减少的升学压力，为"懒惰"的滋生提供了温床。高中时期，为了决战高考，外部环境的压力推动着学生不得不无时无刻地努力，而到了大学，在补偿心理的反弹作用下，很多大学生就像脱了缰的野马开始放纵自己。于是，懒惰就像病毒一样占领着大学生的学习生活，他们变得懒惰、散漫，自律性降低。

事实上，"懒惰"是一种心理上的厌倦情绪，是人的劣根性之一。在没有外在约束的情况下，很多人都会不自觉地想要及时行乐，享受当下，这是人性使然。可当懒惰成了习惯，不自律成了生活的常态，消极情绪就会慢慢吞噬内心，使人越发空虚寂寞、麻木自卑。人们往往有着各种各样的决心和目标，可如果不对抗懒散，积极付诸行动，再远大的抱负也终究是黄粱一梦。

（二）拖延成了日常

较难自律、经常拖延的大学生往往不是因为个人能力不足，绝大多数是因没有明确的奋斗目标，或虽有目标但因担心受挫，畏难情绪过重而选择暂时逃避。比如不到期末不熬夜赶作业，学习工作拖延可能是因为没有意识到责任和后果，可能是因为任务有难度而无从下手，可能是因为缺乏主观能动性，担心无法控制局面……拖延的背后往往就是焦虑、不安、愤怒、沮丧、失望等消极负面情绪。这个时候，我们就应该主动觉察自己的情绪，关照内心，梳理头绪，而不是就此"躺平、摆烂"，给自己贴上"我就是一个爱拖延的人"的标签。

过程往往都很艰辛，可一旦我们下定决心迈开第一步，点滴小目标的实现带来的满足感和成就感，会促使我们朝着更大目标的实现去努力奋斗，这样积少成多，集腋成裘，即使结果可能不尽如人意，但终究不会偏离太多。就好像"健身最困难的是：穿上跑鞋"那样，行动并不像我们想象中的那么难，有时只需要一个简单的开始。

（三）缺乏内生动力

每天叫醒我们的不应该是闹钟，而是梦想。

斯坦福大学的心理学教授米歇尔曾做过一个经典实验：他找来一些四岁左右的幼童，分别把孩子留在一个房间里后告诉他们，"我给你一颗棉花糖，然后给你 15 分钟，如果我回来的时候这颗棉花糖还在这儿，你会再得到一颗，这样你就会有两颗。"说完教授随即离开房间对孩子进行观察。结果是三分之二的小孩没过多久就把棉花糖吃了，但也有小部分孩子忍住了诱惑。当这些孩子成长到 18 岁时，教授对他们的现状进行研究后发现：那些当初几乎不能等待的孩子，大多养成自大型人格，在他人眼里，他们往往是顽固、爱嫉妒、容易受挫的人；而那些当初管住自己直到实验人员回来才吃棉花糖的孩子，则大多具有更好的社交技巧、更强的社会竞争力和可靠性，他们更坚定、更守信、学术成绩较前者几乎高出一个等级。由此可见，尽管起点相同，但促使孩子收获成功的一个最重要的原则就是"推迟享受"的自律能力。

演说家波沙达认为：即便是孩子，那些有自律精神的孩子，最终也会更容易走向成功。对于那些没有自律精神的孩子，就如同作家柯维所说："他们就是情绪、欲望和感情的奴隶。"自律，或许听起来就是让人倍感压力的词语，但是事实上，只有自律才会成就自由的人生。自律是一个长期过程，如果没有一定的内生动力，的确很难保证人们在人生的长跑赛程中到达终点。内生动力就像我们精神上的督促者，一旦缺位，那么精神督促者便会喊停我们前进的步伐。缺乏动力，就难以自律，也就很难遇见成功。所以，当我们在心中制定一个计划或者目标，每一个小目标的达成会为我们带来点滴动力，直至汇聚成自我提升、堪当大任的自强自信。

二、养成自律，成就生涯

时光不可逆，生命只有一次。若我们随着年岁的增长却仍旧无所专长，无有收获，除非足够淡泊，否则一旦醒悟过来，面临的便是恐慌。而自律可以帮助我们做好自我约束，将事情在可控范围内尽快完成，不拖延，不懈怠。当我们养成自律习惯后就会发现"小目标"的达成并没有我们想象中的艰难，反而会因此带给自己更大的成就感和幸福感，时间并没有变，变的是我们看待事物和时间的态度，也就是自律。

培养自律，锻炼意志力的关键在于提高行动力。当你在把功夫下在平时，在面临考试时就不会手足无措；当你充分利用课余时间进行社会实践，在进入社会后就不会懵懂茫然……当这些小事汇聚成长河时，你便能够企及别人无法成就的高度。

三、如何培养自律

（一）明确目标

未来的不确定性，容易让我们对努力的方向产生怀疑，进而停滞不前，不能坚持。所以，只有明确了目标，才能预见自律最终可以给你带来什么，也就能时刻提醒自己自律的必要性。比如，自律可以帮你取得好成绩，争取到保研深造的机会；自律可以提升自己的写作能力，圆你的作家梦；自律让你拥有发现新闻的眼睛，成就记录新闻的双手……当你想停下时，明确的目标可以激发你的内生动力，支撑你再次出发。

另外，自律需要量化，量化的标准最好是以成果代替时间。比如跑步，不是每次跑一小时就算完成任务，这一个小时内有没有全心投入，跑的量够不够，效果也不一样。以实际效果为衡量标准，是为了尽可能排除为了自律而去"自律"所做的敷衍，一旦达到了自己预期的标准就及时给自己奖励，可以是一部电影、一双鞋子或者放半天假。

（二）给自律一个"仪式感"

仪式感可以帮你比较快地进入自律状态。比如复习之前，可以先倒杯茶水；运动之前，先购置舒适的行头；考试前，去图书馆，和同样用功努力的小伙伴一起你追我赶……自律之痛远比后悔的代价要低，当你发现你的自律受到挑战的时候，也可以尝试着和自己说话，鼓励自己重新正视当初设置的目标，唤起你的勇气，强化你的动力，逐步将注意力引向接下来需要完成的任务上，恢复清醒的认识。

（三）列出行动计划

将你的愿景和目标罗列出来借助一定的形式放在醒目位置，比如打卡 App，比如贴在书桌前等，然后根据自己的生物钟和做事习惯，按照事情的轻重缓急，把最重要的事情放在自己效率最高的时候做，做好精力管理，注意劳逸结合，最大限度地提升效率。如果对于重要的事情仍旧习惯性地觉得自己没有准备好，又想偷懒或者延迟，就牢记"先完成，后完美"的原则，先坚持一个 3 分钟，完成后告诉自己再坚持一个 3 分钟，只要 3 分钟就好，不需要太长，不知不觉地，等你意识到的时候很可能已经达成你的既定计划。同时注意每次只专注于一件事情上面，摒除杂念，否则在多重干扰的状态下，个人本就有限的精力和心智就会被分散消耗，所以要把与当前任务无关的事情先暂且放下……

　　当你选择自律，你今后的人生，将会很不一样。

腹有诗书，气自芳华——生涯成长记之文化篇

很多大家穷其一生仍会感叹自己的"无知"，更何况你我这些初出茅庐之辈。"文化"是凝结在物质之中又游离于物质之外、能够被认可和传承的意识形态综合，它是人们对客观世界的感性认知和经验的升华，以多样的形态渗透于我们生活的方方面面，司空见惯的衣食住行中无不体现着文化对我们生活的影响和提示。我们虽不敢妄称文化人，但我们可以竭尽一生去感知无形的文化，倾尽全力去传播有形的文化。从这一层面上看，我们应该在生命旅程中不断丰富人生体验，注重培养自我正确积极的三观，提升根植于内心的修养，追求和而不同的境界，内外兼修、同铸大爱。

文化是我们在日常生活中所能感受到的一种既无形又有形的社会意识总和。无论是国风、家风还是学风都是文化在生活中的具体表现形式。人们时常存在这样的误解，认为上了大学就是文化人，是高级知识分子了。殊不知，文化绝不是区区十年寒窗苦读就能充盈的物质，学习是每个人一辈子的修行，我们需要在过程中不断发现对文化探索的方向，纠正落后消极的思想误区，勤奋学习以感受到文化的存在，提升个人文化修养，用文化浸润心灵，用知识指导自己的成长。

一、文化的丰富内涵

（一）文化的传统（抽象）含义

文化是一个"仁者见仁，智者见智"具有广泛的人文意味的概念。从广义上说，文化是相对于经济、政治而言的人类全部精神活动及其产品，其核心是人文文化，一般体现为重视人、尊重人、关心人、爱护人。文化的内涵非常丰

富，几乎涉及我们生活的方方面面，只要你在进行一项生命活动，你都会潜移默化地受到文化的影响和渗透。

（二）文化的现实（具体）含义

正如学者阿诺德所说："文化是，或者说应该是对完美的研究和追求。而文化所追求的完美以美与智为主要品质。"在现实中，文化常以各种各样的具象化形式呈现，是可以看得见或摸得着的所在，它时而是你侃侃而谈时的古文辞藻，时而是晨起就已弥漫书香的大学校园，时而是一夜春雨后地上的落花……无论是内在的充实，还是外在的修养，都是我们被文化滋养的呈现。

我们自小就被父母教导要做个正直的孩子，被老师教育要做社会主义的接班人，多年的耳濡目染，这些观念早已被我们根植于心，成为我们精神中不可分割的一部分，这，就是生活中的文化渗透。好的文化氛围可以带动整个社会风气，具有传承意义的优良家训、校训、国训，无一不透露着文化的气息。同样地，在信息爆炸的时代，复杂多元的文化信息充斥着我们的生活，我们在享受信息带来的便利的同时，也会不时受到消极思想的干扰，尚处于心智成熟阶段的在校大学生尤其需要提高认知，严加防范，不被不良的文化所侵袭，不被眼前的利益所蒙蔽，身为新时代的青年，要时刻保有超前意识、防范意识，避免行差踏错，悔恨终身。

二、大学生为什么要提升文化修养

（一）文化能带来精神上的充实与思想上的解放

1. "有文化"与"没文化"的区别

当我们听到别人夸自己"文化人"时，或多或少都会有一点沾沾自喜，"文化"之所以能给人带来内心充实的体验，首先，是因为有文化可以使人坦然面对生活，有对身边人同理共情的能力，有坚守初心百折不挠的坚韧，带给人精神上的充实与思想上的解放。比如，《肖申克的救赎》中的男主人公安迪，他被关在暗无天日的禁闭室里足足三个月，别人问他怎么忍受得住，安迪回答：有莫扎特陪着我。这，就是文化的魅力。其次，文化还能使人内心充盈，眼界开阔，最终成长为生活的强者。在一个人的成长过程中，文化能让我们看到沿途更绚烂的风景，对世界始终保持一颗求知的心，一旦在心中种下一颗求知的种子，它就会在文化的滋养下不断生长。因此，在大学期间学习积累的专业文化，会对我们未来的职业生涯产生深远的影响，你的文化水平会体现在工作生活中的方方面面，尤其是在个人生涯成长过程中，有文化更会对你的个人发展有着不可估量的作用，就算是面对最基本的求职面试，有无文化也会是你能否脱颖而出的关键。

2."文化人"的常见处事方式

我们通常把知书达理，学富五车的人称为"文化人"，但"文化人"的范围远不局限于所谓的知识分子，那些能把人际关系处理得面面俱到，生活规划得井井有条，工作落实得妥妥当当的人都可堪称为"文化人"。因为他们都有着丰富的生活阅历，扎实的文化修养，一如谈判桌上的对垒双方，最终能掌控局面的永远是胸有乾坤的一方。此时，文化不仅仅是肚子里的墨水，更是处变不惊的处事态度，灵活多变的处事方式，是灵活的思维，开放的格局，开阔的眼界，是能作出预判并能迅速找出对策。由此可见，文化带给我们的是思想维度的跨越，在丰富的阅历面前，所有的困难都有迹可循，有法可解。因此，在大学里我们要努力积累学识，丰富阅历，始终注重自我文化修养的提升，并将其带到生涯规划里，为投身社会，奋进未来打下坚实的文化基础。

（二）文化助人成就自我

你是否会在课堂上昏昏欲睡，却能有精神在晚上打游戏到天亮？是否会时而感到百无聊赖，怅然若失？如果有，那说明你的精神世界正逐渐贫瘠。随着现代各种"摆烂""躺平""佛系"等"丧文化"的兴起，越来越多的年轻人深受其害。这种不良文化的渗透，使本应朝气满满的年轻人变得负面消极。如若有良好的文化观，我们就可以为自己树起一把保护伞，"心远地自偏"地体验生活，培养奋进的自觉和能力，思想就不会出现偏差，价值观也将更加多元化。思想强大的人不会被轻易地困于生活的困境，因为这样的人懂得怎和生活相处，懂得尊重自己，感恩生活。一个有思想内涵的人，生活是充实的，精神是富足的，其人生绝不会被打上"无趣"的标签，所以我们一定要从现在开始培养自己多元的文化观念，就像网上流行的"有趣的灵魂万里挑一你就是那万分之一"。

三、大学生提升文化修养与做好生涯规划的关系

对当代大学生而言，提升自身文化修养与做好个人生涯成长规划之间存在

紧密的内在联系。良好的个人文化修养将会成为社会人非常突出的闪光点，它会让你在竞争激烈的职场竞争中崭露头角，能够让你收获广泛的人脉，或许还能让你收获一份可贵的爱情。当代社会需要的是德智体美劳全面发展的综合性人才，"智商决定你从何处出发，情商决定你将走多远"，从一定意义上说，情商在本质上就是个人文化修养的体现。

四、大学生如何提升自身文化修养

（一）知行合一，研学不怠

大学生要提升自身文化修养，需要努力做到知行合一、以知促行、以行求知。首先，要丰富自己的知识面，养成终身学习的习惯，博览群书，研学不怠，"书籍是人类进步的阶梯"，多读书可以磨炼心智，使人得到思想上的充实，实现精神上的升华，从而树立起正确的人生观、世界观、价值观。其次，要锻炼自己的实践能力，要多读书，但不能读死书，不要成为思想上的巨人、行动上的侏儒。走出校园，走向社会，去领略多彩的风土人情，体验百态的人情世故，久而久之你的人生阅历就会逐渐丰富。

（二）营造良好的社会文化氛围

只有社会、学校、家庭共同发力，相互作用，协力打造积极向上的社会文化氛围，严谨科学的学校治学氛围、和谐美满的家庭生活氛围，才能为同学打造"明德新民，止于至善"的文化学习氛围，防止甚至杜绝不良社会风气的滋生和影响。

中华民族历来是礼仪之邦，历史文化源远流长，大学生应注重培养自身的人文精神，这也是提升自我文化修养的关键。对个人来说，文明礼仪是一个人思想道德修养、文化水平、交际能力的外在表现；对整个社会来说，文明礼仪是一个国家文明程度、道德风尚的集中反映。培养人文精神，关键就在于要知礼、懂礼、行礼。知礼，需要我们加强对礼仪知识的认知。

"不积跬步，无以至千里。不积小流，无以成江海。"文化之于我们，就像水之于鱼，光之于林，夜之于星，我们被它包裹得严严实实，没有文化的社会只会枯竭而死。大学生只有深刻理解文化的意义和价值，于内修身养性，于外砥砺奋进，才能实现人生的升华。

正衣冠，磨心智——生涯成长记之生活篇

当你背上行囊告别父母离开家乡，踏上漫漫求学路，大学同学和老师就成了你未来四年甚至此后人生中最亲密的亲人，而平安健康的校园生活环境，直接关系到每个师生本人和家庭的幸福。尤其是在后疫情时期的特殊背景下，我们更要始终把安全放在首位，牢记"安全无小事，职责重于泰山"的理念，坚持预防为主、防治结合，加强各类安全教育、健康常识普及等群防群治工作，增强师生安全意识和自我防护能力，营造全员参与的平安校园建设局面，保证每个学生都能平安顺利地再次踏上新的人生征程。

同时，良好的生活习惯不仅是个人品位的彰显，也是个人素养的外在表现。外人或许无法仅从第一印象就看到我们的内心，了解我们的为人，但当你站在众人面前时，呈现出的很多细节都会成为你的"名片"。所以，你想让自己做个精致的时尚青年，还是颓丧中青老年梯队中的一员，全在你自己。同时，良好的生活习惯和健康的生活状态是实现一切自我附加价值的基础，须时刻谨记"皮之不存，毛将焉附"。

大学生活作为社会生活的缩影，是大学生提前体验社会规则、转变社会角色的重要过渡期，其对待学习工作的态度，可以折射出他的价值取向，其日常生活习惯和为人处世风格，可以反映出他的行为模式，今天在学校里养成的习惯，无论是好是坏，都会作用于日后的职业生涯当中。在当下的校园里，我们很经常看到学生们这样的状态：在学习上，经历了"千军万马过独木桥"的高考，步入大学后的大学生们无论是生理上还是心理上都呈现疲态。经历了较长的假期，虽然在体力上有所恢复，但是在心理上可能出现严重反弹，甚至出现报复性补偿心理，想要通过一切可行的方式补偿过去十几年埋头苦读而无暇去

享受的生活，于是难以再次集中精力学习，再加上受"上了大学就轻松了"这类心态的影响，没有师长在身边督促监管而缺乏自律，部分同学进入大学甚至出现迟到早退、旷课逃学等情况，学习生活都缺乏积极性，放纵自我，荒废大好青春。在生活上，进入大学后，大学生突然缺少家长的照顾和师长的监督，许多同学逐渐形成不健康的生活方式，晚睡晚起、熬夜打游戏、追剧刷夜、三餐不规律、过度节食减肥，手机不离手、电脑不离身、怠于锻炼、缺少运动、宅宿舍或贪玩外出两极分化、不注意个人生活细节的管理、缺乏生活常识与生活经验，生活自理能力差……

当代大学生是建设祖国的栋梁，是国家未来的希望，是实现中华民族伟大复兴的人才保障。上述当代大学生的学习生活状态看似司空见惯，小题大做，但须知"千里之堤溃于蚁穴"，很多时候，决定一个人成败的不是其有多强的能力、多高的地位，而正是这些常被人们所忽略的"细节"。我们往往可以从一个人对待和处理自己工作生活细节的方式和态度，去窥见其人生观、价值观和世界观。如果一个人到了大学，在没有了高考的压力、家长老师的督促仍能对自己保持着高要求，学习不松懈，生活规律，饮食健康，那么他首先必然是一个自律的人，深知努力的意义和价值的人，才会对自己有更高的要求，树立更高的目标，让自己一直在不断追寻人生目标的过程中，实现人生理想。

另一个极端还认为，在大学里最重要的是进一步的学习，不断充实自己的知识体系，其他的都不足为重。但大学培养的是可以适应国家发展需求的、兼具良好思想品德素养、扎实专业技能等全面发展的综合性人才。步入大学从一定意义上说意味着大学生已经长大成人，需要独自面对自己全新的人生阶段。这个时期不同于以往，是大学生步入社会前的重要过渡期，是了解社会规则，做好社会人身份转变的关键时期，需要大学生明确未来的职业生涯规划并提前做好各方面准备，其中包括心理准备、技能准备，也包括生活准备。

人无远虑，必有近忧。首先，我们需要树立健康向上的生活态度，因为无论未来选择什么样的生涯发展方向，都需要有健康的体魄和良好的心态，从身到心做好各方面的准备，不要幻想着不劳而获，当你发现自己在占便宜时，这也是你吃亏的开始。其次，事业和生活的联系是十分密切的，不仅一个人对待生活的态度会影响其事业的高度，同时还要始终明白，在生活中你喜欢做什么，你适合做什么，这些因素也从一定程度上影响着你在以后职业生涯中是否能真正地发挥优势特长，有所建树。毕淑敏说，人生本没有意义，每个人都要给自己规定一个人生的意义。我思考的结果是：我用我的生命去做我热爱的事情，它不仅让我快乐，而且对人类有所帮助。

大学生生涯规划认知现状调查分析

一、调查目的

在当下日益严峻的就业形势下，做好高校大学生职业生涯指导，帮助学生合理规划，提前准备变得越发重要。职业生涯规划教育可以激发学生生涯自觉，使大学生在正确认识自我、找准自我定位的基础上，做到有的放矢、知行合一，进而通过自我提升和专业实践，促使其实现自我价值。但不少大学生还没有真正理解职业生涯规划的确切含义，未有足够重视，以至于在大学期间没有采取一定行动以切实地为自己做出合乎优势个性的职业生涯规划。本次问卷调查的目的是为了解大学生职业生涯规划教育的现状和面临的困境，经过对调研数据的统计分析，找到目前大学生对于职业生涯规划方面的实际需求和具体期望，为进一步提升高校大学生生涯教育工作质量提供实践建议。

二、调查方法

本次调研主要采用线上发放调研问卷的形式，调查对象是我院在校本科生，共收回有效问卷 206 份。通过数据统计，结合理论分析和案例研判，据此对大学生职业生涯规划提出具体建议。

三、调查结果分析

（一）参与调查的学生人群分析

本次调研的主要对象为我校新闻与文化传播学院本科在校大学生，男生占比约 26.21%，女生占比约 73.79%，高中所学方向为文科的占比为 68.93%，理科占比 31.07%，基本符合我院招生男女比和学科教育背景实际情况。其中，参与调查的学生群体中，大二的学生占比 62.62%，大三的学生占比 5.83%，大四的学生占比 31.55%。

由此可见，相较于大学新生，大二学生在经历了一年大学学习生活后，已开始转变学习观念，逐渐实现从带学到自学的转变。同时对于生涯规划需求也有了一定清晰认知，有明显的规划自觉，这部分学生是职业生涯规划教育的重点需求学生群体。

（二）大学生对自己所学专业的认知程度

对于大学所学专业的选择，41.26%的学生是依据本人兴趣选择专业，12.14%的学生是依据意向职业选择相关专业，11.17%的学生是听从他人要求建议选择专业，对热门专业跟风的学生只有3.4%。除此之外，有32.03%的学生选择了"其他"选项。

由此可见，学院大多数在校学生专业认同感较强，未来从事相关行业的可能性较大，具有大学期间进行专业提升和实践积累的主动性和积极性，可对这部分群体开展有针对性的行业技能培训、职前技能培训等职业规划指导工作，同时注意帮助少数群体做好生涯性格定位和专业帮扶。

（三）大学生对做好自身生涯规划工作的认知程度

在进行个人职业生涯规划的时间方面，13.59%的学生在填报大学专业前就已做好自我职业生涯预判；41.75%的学生是在大一入学后根据专业学习体验和实际成效进行进一步职业生涯规划；20.39%的学生是在大三毕业实习后，经过一定的专业实践和职场体验，进行职业生涯规划调整和职前自我能力提升；6.31%的学生在大四求职季才开始进行职业生涯规划并做求职准备；10.19%的学生到毕业时仍无法完全确定发展方向；除此之外，有7.77%的学生选择了"其他"选项。近八成的学生认为"确定生涯方向"是指找到未来工作方向，66.99%的学生认为其是指确认未来生活状态，58.25%的学生认为其是指做好个人定位评价，43.69%的学生认为其是指实现个人理想价值。在影响生涯规划认知的因素方面，57.77%的学生选择了缺乏专业指导，自身有生涯规划自觉，但在实际操作时无从入手；20.39%的学生选择了受同辈影响、追高追热因素较多，没有合理自我定位和性格研判，有目的但没有目标；15.05%的学生认为觉得时间尚早，可以在进行一定的专业学习积累和社会实践之后再行规划。除此之外，有8.79%的学生选择了"其他"选项。

在对有深造想法的同学进行升学原因的调查时我们发现，近四成的学生选择了因自身职业规划实际需要，21.36%的学生是基于家庭长辈建议，对子女有深造的要求和希望，14.56%的学生选择了暂未确定未来去向，先读研缓冲几年再定，6.31%的学生是受同辈建议、同学影响，因"不想落于人后"选择追热。除此之外，有17.96%的学生选择了"其他"选项。

由此可见，在影响自己进行职业生涯规划的因素方面，八成以上的学生选择了个人优势、职业兴趣、行业前景；七成以上的学生是基于对未来生活状态和质量的需要选择在相关地域的相关行业；39.32%的学生是受到环境影响，并非基于找准自我定位后做出合乎自身实际需求和愿景的生涯规划，29.61%的学生则是完全没有个人想法，由前辈长辈代为规划未来方向和生活状态。

（四）大学生对职业生涯规划指导的实际需求

在职业生涯规划指导需求方面，67.96%的学生选择了需要一对一指导，帮助明确生涯性格，理清个人优势和发展方向、学习生涯及职前自我训练工具，提升自身做出中短期规划的能力；48.54%的学生显示已有自我认知并已做出生涯定位，需要进一步具体的专题训练，掌握生涯规划实操技能；44.66%的学生选择了需要匿名沟通、倾诉心声、缓解郁结。除此之外，有6.31%的学生选择了"其他"选项。

四、总结与建议

（一）找准自我定位

建议学生在报考大学专业时主要依据个人兴趣或优势，从自身认知出发，通过研判市场形势，参考前辈现状，做出专业选择。在进入大学后，再结合意向行业发展方向，制定中短期学习和实践计划，包括确定是否辅修第二学位，做好专业能力延伸。高校生涯指导老师可以针对各类专业学习要求和行业发展现状及趋势，引导学生做出科学研判并做专业技能培训，让高校职业生涯规划教育工作最大可能实现与专业对接，与行业接轨，尽可能早地分阶段、分层次、分人群地培养同学们的职业生涯规划意识，提升生涯实践能力。

（二）因时制宜

由于大多在校本科生进行个人职业生涯规划和准备的阶段主要集中在大一入学后和大三毕业实习后，所以高校开展职业生涯规划教育工作时可以将大学低年级学生作为侧重点，针对不同年级的培养特点和学生需求，制定特定主题教育指导，比如对于低年级学生，可以通过生涯性格小测试等引导其找到生涯方向，并就如何更好地据此做好专业学习和校内外实践等发展方面提出具体建议；对于高年级学生可以通过开展职业技能培训，强化应试技能，掌握应具备的职场素养，提供学生全面系统的专业实践和能力提升指导。

（三）因人而异

由于超过半数的学生认为缺乏专业指导、社会实践技能薄弱是影响其生涯规划认知的最主要因素，此外是盲目追高追热，自身认知不清，没有生涯自觉，拖延逃避心态严重等。针对这样的情况，高校生涯指导老师应因人而异地对同学们进行专业化的指导，先根据学生自身特点和需求做出划分，有针对性地制定详细培养方案，比如针对未来想要在体制内发展的学生进行公文写作指导。针对拖延心态严重的学生做好形势分析和行业介绍，督促其正视自身生涯规划的紧迫性。对于大多数社会求职的学生可以通过举办一些简历制作指导、面试应对技巧等主题讲座来让学生提前了解职场要求，明确自身薄弱点并有针对性地做好提升；针对有深造升学想法的学生群体，高校生涯指导老师可以基于学生选择升学的原因、目标等做出划分，引导这部分学生按照自身特点、未来从事行业实际发展需要和用人标准等确定是做专业提升还是实践积累，对于专业实操能力和经验要求较高的行业，应从校内外专业实践积累入手提前做好准备，对于学历层次和理论研究能力要求较高的行业，应从科研实践、理论研究等方面做好准备。

总之，应引导学生理性看待"读研热"的现状，跳出象牙塔的实践认知限制，充分了解并正视社会就业形势的严峻，通过跟师长的沟通交流，学习经验，吸取教训，理清头绪，少走弯路，做足充分调研之后再去思考考研与就业该如何选择。

精益求精严字先，以身作则教化人

——辅导员专题培训心得两则

在新时代党和国家提出建设高质量教育体系、提升高校思想政治工作质量新要求的教育背景下，高校育人规律发生转变，育人要求不断提高。高校辅导员作为大学生思想政治教育和日常事务管理的骨干力量，应不断加强自身能力提升，通过优化年龄结构、知识结构、学历结构，转变思政工作理念，创新思政工作思路，调整思政工作方式，拓展思政工作内容。具体到工作实践方面，为了更好地应对新的机遇和实际挑战，高校辅导员应结合当今青年大学生的个性鲜明的代际特征和成长规律，了解大学生的思维特点和行为方式，并通过强化学习实践、合理规划职业生涯、提升职业境界来增强职业认同，获得自身价值实现和高质量教育成果的双重收获。

学校每年都会为思政工作者提供形式多样、内容丰富的主题培训和学习研讨，以使我们能不断提高业务水平，夯实理论素养。自入职以来，本人分别获得了UCF（高校生涯咨询师）认证、普通话培训师认证，参加了我校第一届科级干部培训、第90期全国高校辅导员骨干培训、第34期湖北高校学生工作干部心理健康教育培训等各类主题培训，相对专业、系统的培训为我日后的工作奠定了一定的基础，记录一二，以作后念。

2014年5月，我有幸参与学校组织开展的第一届科级干部培训学习，得到了一次系统、全面的理论和实践相结合的学习机会，每位老师的授课都有特定的主题，并且都能旁征博引实际案例加以解释说明。其中在我院帅老师主讲的"常用管理文书写作"的课程给我留下很深的印象。

撰写、修改并发布管理文书在辅导员日常工作当中占据很大的比例，要求也较高。刚入职时我只懂得在前辈奠定的基础上照虎画猫，毫无创新。通过帅老师的课程，我领悟到我们的日常工作除了踏实谨慎之外，更重要的是努力实现框架内的创新，但创新也不能毫无原则地乱来，比如帅老师首先讲到我们要不断历练文字表达功底，夯实理论基础，做到文通字顺这一最低行文标准。说白了，就是要在日常工作中多动脑多学习多练笔，通过不断练习提升文字表达能力，不能闹出把"魑魅魍魉"念成"鬼鬼鬼鬼"的笑话。再比如要注重日常理论学习和积累，提升业务能力，反复研读分析经典公文案例，多阅读法律法规、学校规章制度，多看时事报纸，逐渐形成规范化的文字表述框架，以促使行文通畅，一气呵成。其次就是要提高思想政治与政策理论水平，通过定时浏览阅读党政报刊，每天浏览时事新闻，及时把握时事动态，紧跟国家政策导向，磨炼文字功底，并通过积极认真学习各级党组织的理论学习活动，做好自查自省自律自强。最后一点也是最基本的一点就是熟练掌握公文写作的基本知识。公文写作的基础由两部分构成，一部分是内在的知识积累，如前文所述文字功底、理论与政策意识，这部分要求做好日常积累和对细节的重视，另一部分是对公文本身的把握和熟悉程度，比如日常工作中经常用到的会议记录，它的基本结构就包括会议基本情况加上会议基本精神的概括，前者包括时间、地点、主题、与会者、对会议的基本评价等，后者包括该工作在前期已取得的进展。对前期工作的基本评价、该项工作现在存在的问题（表现、特点），是什么性质的问题，指明问题存在可能带来的危害（个人/集体、局部/整体），分析产生问题的原因（主观/客观、外因/内因），明确解决问题的原则，指明解决问题的方法、措施、步骤（对策），对某些特殊问题的解决办法（具体问题具体分析），用自己的话写别人的观点（简短、精练、准确、保真）。帅老师本次的培训课程具有很强的实操性，不仅让受训成员明确自身不足，找到努力方向，更让新入职的辅导员得到了很好的写作技能提升，严谨了思政工作新人的工作态度，为入职和日后高效开展工作打下了坚实的基础。

在第90期全国高校辅导员骨干培训中，本人有幸与来自全国五十多所高校的六十余名学生工作者一同学习交流。通过专家老师深入浅出的理论讲解，具有普适性和可操作性的经验分享，使我在工作实践经验积累和专业能力方面得到了进一步提升。

在"文化视域下的大学生思想政治教育"的课程中，骆老师提出了大学生思想政治教育要适应我国文化繁荣发展的需要，找到文化发展与大学生思想政治教育的契合点，不断增强大学生思想政治教育的文化自觉，发挥大学生思想政治教育的文化潜能，进一步增强大学生思想政治教育的时效性。这一主题的学习对于我们奋斗在大学生思想政治教育工作第一线的同志们来说有着很强的理论指导意义和很重要的借鉴作用。

在"突发事件的处置与媒体沟通"的课程中我们了解到，大学生应急突发事件历来都是高校十分重视却又不好应对的问题，尤其由事件引发的网络舆情及后续媒体沟通，不仅考验高校的应急处置能力，更考验校媒沟通能力。习近平总书记曾提出领导干部的六种能力建设问题，即"统筹兼顾的能力、开拓创新的能力、知人善任的能力、应对风险的能力、维护稳定的能力、同媒体打交道的能力"，其中"同媒体打交道的能力"是我党第一次明确提出的新能力建设，这就需要我们全面了解和掌握融媒体环境下的正确媒体观，全媒体环境下媒体沟通的运作机制与实施流程，舆情应对中新媒体运用的"快速、透明、沟通"原则和"提高及时发现能力、提高依法发布能力、提高议程设置能力、提高全媒体拓展运用能力"。学生工作者须始终坚持"预防为主，防治结合"的学生事务处理原则，时刻牢记应急处置能力的重要性，只有及时有效地妥善处置各种突发事件，才能切实履行高校社会管理的职责，保障高校正常的教学秩序，维护高校和社会的稳定。

在"思想政治教育的心理疏导模式"的主题培训中，武汉大学的余教授先从思想政治教育心理疏导不同于心理咨询入手，阐述心理疏导的基本原则和理论，以及思想政治教育心理疏导模式的特殊性，再结合实践总结出辅导员如何进行大学生心理疏导的具体工作方式：首先要调整看待学生的方式，尊重学生人格，相信学生有自己解决问题的能力，对事不对人，不上纲上线，不对人格进行评判，充分发掘学生的自我保护因素，为学生创造希望，指出其优势。其次要学会识别学生的心理问题，可以从学生是否遇到重大生活事件难以处理、是否出现情绪急剧变化、是否出现学习方面的障碍、是否在人际交往中出现问题、是否说一些莫名其妙的话、是否有一些异样的行为等方面进行综合考量后进行识别。总之要明确防止学生出现极端行为，这是学生心理危机评估中不能放松的学生安全工作防线。再次，要熟练掌握心理疏导的常用方法，比如倾听并引导学生释放情绪，纾解心结，与学生共情，采取心理疏导和解决实际现实问题相结合的方法帮助学生解决导致情绪波动的根本问题。最后，也是最重要的一点是注意心理干预边界，尽早尽快寻求学校和社会心理咨询、治疗的专业帮助。为了能更好地为学生提供帮助，从根本上避免应急突发事件发生，辅导员在发现学生问题后还应及时进行分流，并视具体情况寻求专业帮助。毕竟辅导员受专业限制，不具备心理咨询和治疗的专业培训背景。要明确专业边界，不要强迫自己去扮演救世主的角色，在采取一定措施、保证避免事件产生更为严重的后果或学生出现自伤等恶劣情况的前提下，及时寻求专业督导和专业团队的支持是十分必要的。同时辅导员在日常工作中也有自己的心理负担，被当情绪垃圾桶倾诉多了，有时候最需要疏导的反而是辅导员自己。如果辅导员自身出现自责感、挫折感时，他就无法更好地处理学生问题。

"大学生思想政治教育现实难题研究"这一主题立足于高校思政教育工作理论研究和探讨挖掘更深层社会因素的现实需求，在如何引领大学生树立新的价值观方面有着极为重要的意义。我党面临的四大危险中精神懈怠危险居于首位，而当今大学生的代际特点也决定了他们的精神懈怠危险是相当严重的。我们需要从正确的价值追求与大学生人文精神缺失之间的矛盾；如何帮助大学生抵制错误思潮冲击提高大学生辨析能力；如何实现大学生面临的外在压力与内在动力的转化；如何解决大学生的现实适应问题与全面发展需求之间的张力阻抗问题；如何增强大学生服务国家服务人民的社会责任感；如何协调传统思维方式转化与高校德育理论诉求之间的关系等方面为抓手，根据高校大学生成长规律和实际需求，将大学生的价值观重新引导为具有时代性、全面性、协调性、稳定性、积极性的轨道上去。我们要清醒地意识到，在当下网络新媒体快速发展、观念文化多元并存的背景下，当代大学生深度融入甚至依赖网络平台，他们的思想观念和行为模式也呈现出新的时代特征：一方面，多元便捷的网络环境扩大了他们的眼界，激发了他们的创造力，匿名开放的新媒体为他们提供了勇于发声、表达自我的平台，当代大学生思维及表达更加活跃多元，在自我表达和个性展示上的需求和能力更强。但另一方面，开放包容的网络氛围使得他们自我意识大大增强，网络常见的"圈层文化"会形成信息和情感上的"茧房"，使得他们容易被偏激言论煽动诱导。高度活跃的网络生活背后也可能存在着截然相反的现实性格行为特征，例如不善交际、主动沟通意愿低、理性认知和情感体验不匹配等特征，"宅文化""低头族""键盘侠"等现象盛行，部分学生甚至出现在现实中过于孤僻、自我、冷漠、偏激等心理问题。上述现象使得网络空间成为高校思政教育工作的重要阵地，心理健康教育与咨询的作用也不断提升。

此外，高速的信息传播和丰富的交流渠道也更有利于就业创业信息的获取，不断涌现的新兴产业和就业方式拓宽了大学生就业创业途径，加之瞬息万变的外部环境和日益激烈的就业竞争等，使得辅导员在职业规划与就业创业指导方面的工作也出现了新的挑战。

通过这两次的辅导员专题培训，我对思想政治教育工作有了进一步深刻理解，对新思想、新知识以及我们的思政教育工作使命有了全新的认知，切实感受到了思政教育之于学生成长成才的重要意义。同时通过专题学习、模拟训练等掌握了许多日常工作所需的实操工具和技能，督促我在今后的工作中端正"多听、多看、多学、多做"的工作态度，帮助我有效应对突发情况，高效处理日常事务。

"有志者，事竟成，破釜沉舟，百二秦关终属楚""苦心人，天不负，卧薪尝胆，三千越甲可吞吴"，可以说辅导员职业能力培训不仅有助于提升学工队伍战斗力，解放一线辅导员教育思想，触动教育工作者内心，每时每刻都让大家有所感动和收获，还能帮助受训者在此过程中与来自不同岗位的同仁，聚集一堂，相互交流学习，进行思想碰撞，进而为辅导员自身成长和更好地服务管理学生打下坚实的基础。

从"杨同学现象"探微当代青年的代际特质

　　这是一个最好的时代，明智的时代，信仰的时代；

　　又是一个迷茫的时代，未知的时代，多样的时代。

　　或许在当代青年心里，他们所面临的就是这样一个需要"以知促行，以行求知"的复杂时代。

　　立足新发展阶段、贯彻新发展理念、融入新发展格局、推动高质量发展是我们站在"十四五"开局面临的新机遇、新挑战，也是我们结合当前工作，锐意进取、埋头苦干，精准对接、抓住用好国家政策机遇，为努力实现新时代中国特色社会主义发展目标，大力开展各项工作的指导思想。

　　在融媒体技术迅猛发展的当下，各种新鲜事物竞相涌现，人们享受着经济高速增长所带来的物质生活条件改善的同时，也承受着随之而来的消费主义和全球化带来的思想冲击。生存环境的复杂性同样深刻影响着当代青年，他们步履匆匆，踌躇满志，怀抱初心，砥砺奋进，复杂多元的品质共同交融在他们的身上，造就了斑斓多彩、个性鲜明的"00后"。

　　是的，我们的确看到了一些学习懈怠、缺乏人际交往礼仪、注重享乐、自我主义等青年人行为失范的例子，或许在一些世人眼里，这部分少数青年人被放大的过于强调自主意识的行为，使他们看上去缺少了些理想和信仰，过于追求自我和张扬个性使他们有时被误解为缺乏规则边界感和社会责任感。对于当年青年，无论是褒是贬，是赞赏还是批评，评论结果是客观或者片面姑且不论，但至少代表一种社会声音，一种舆论倾向，一种对于未来社会承担者即当代青年的忧思。

　　但我们更应该清醒地认识到，部分人的行为失范并不能代表一类人群，更不能说明他们处于一种精神匮乏的"悬空状态"，他们的形象不应因此蒙上了灰色黯淡的色彩。事实上，更多的年轻人愿意以正确的现代价值观作为指引，身体力行地学习并传承中国优秀的传统文化和价值观。

　　我校"杨同学现象"的产生,就绝非偶然:当杨同学毅然决然地躺在病床上,从他身体里献出的不仅是救人一命的骨髓,当越来越多的同学受到杨同学鼓舞先后自愿加入中华骨髓库,活跃在各类社会志愿工作中,我们看到的不是他们口中"微不足道"的小事,而是在主流意识形态教育影响下形成的"杨同学现象",这正是我们当代青年的社会责任感和时代担当!

　　当代青年对社会生活各方面的密切关注和积极参与、充分了解与行为投入在某种程度上反映了这一代际主体对于社会价值的认同感和践行时代使命的责任感:他们关注政治,关注民生,热心公益事务,对传统美德抱以高度敬意和认同。大批在校大学生在网络上热议"杨同学精神",称他为"平民英雄""即使不曾谋面,却被他深深感动",亦称"他是用行动诠释着什么是优秀的大学生,什么是具有爱心奉献和高度社会责任感的新一代,什么是我们大学生的真善美"……这些言论都反映出当今青年们内心对美好事物的祈盼,线下争先加入奉献社会的队伍,同时从众多媒体如火如荼报道杨同学事迹来看,也反映出在社会急剧转型和巨大变迁的今天,人们仍然对扶危济困、助人为乐等传统美德保持着敬意。

　　这一切,都让我们有理由相信,以杨同学为代表的青年、担当时代重任的当代大学生,他们身上所展现的思想光环,展现的社会责任感,正是我们的民族兴旺发达的希望所在,他们是"值得信任、大有作为、堪当重任的新一代"。

也谈大学生该如何正确看待"压力"与"努力"

19 级准毕业生们的毕业实习已经进展过半，大多数同学都能理性认清毕业实习之于职业发展的重要性，也都很珍惜走向社会之前的这次宝贵社会实践机会。但也有少部分同学抱持着"我每天光是看书刷题的时间就完全不够用，压力已经很大了"的心态，或敷衍了事，或形式实习，或懒于就业，或迷茫无措。这部分同学未必不了解外部形势，造成这种状态的很大一部分原因其实是他们没有正确认知"压力"与"努力"，才导致当下定位不清、目标不明、动力不足、情绪不稳。

一、关于"压力"

（一）"压力"是如何控制人的

很多情况下人们都是谈"压"色变，觉得"压力"不仅影响情绪也危害身体健康，我们同时也应该知道，强化正向激励能激发一个人的行为内驱力、调动积极性，使人以一种自信、愉快的心情主动地继续其行为，所以相对应地，压力只有在你觉得它是负累的时候才真的是个负累。

一般来说，生活中的压力可以分为两种：一种是客观压力，一种放在任何人身上都会带来一定压迫感和无力的状态，比如在一个小时之内完成 5000 字的论文，大多数人都会难以应对。另外一种是主观压力，就是常见的工作生活问题，有的人觉得未必非要做到尽善尽美，尽力就好，但有的人觉得不拿满分就等于失败，引以为耻，不愿落于人后。很多实例表明，往往最终在压力下崩溃或出现身体健康问题的，都是那些给自己主观压力的那部分人，由此可见，压力不源于事情本身，而是源于你对事情的看法。

（二）人可以如何驾驭"压力"

1. 积极行动

很多时候压力之所以能给人们带来伤害，往往来自人们自己的不作为。

我们经常能看到学校图书馆在期末考试季前才每天爆满，快要交期末作业的那几天才有学生在宿舍里通宵恶补，临近任务截止日期了队伍成员才开始手忙脚乱……其实大家在面对压力时知道该做什么并且知道怎么做，就是怠于行动，等着压力把自己淹没才来面对。你可以以自己是被动型人格来为这样的习惯性拖延开脱，只要危机不来，就高枕而卧，危机临近，再奋起直追。但只要你不正视自己的问题，那么压力也就会继续存在，于己不利，于事无益。

所以，当面对压力时，首要的就是摆正心态，然后观察它、分析它、解决它，充分利用压力将它转化为你效率的催化剂。

2. 暂时放下

这里的"放下"针对的是愿意积极应对，并且经过全力以赴仍旧受到压力困扰的人。就好像我们手里攥着一团细沙，你越是用力握紧，它流失得越快，当你放松双手，才能欣赏到细沙在阳光照射下散发出来的熠熠光辉。王阳明通过静坐的方式来思考，现在人们用正向自我激励、正念冥想等方式来纾压，其本质上都是用观察法，暂时放下压力，反观事物，反观内心，理清思路，调整好状态之后再重新出发，可能会有意外的收获。最后同样重要的是，过程全力以赴，结果问心无愧，如此而已。

3. 调整认知

把压力当成动力，而非阻力。

这的确是一个知易行难的道理，但是如果真正地落实到行动中，会带来事半功倍的效果。因为不管你接不接受，压力都是客观存在的，当你主观认知压力对你有害的时候，它事实上也真的会成为你的阻力。每个逆境的到来其实都是我们重新审视自己，重新调整自己和生活关系的一次宝贵机会，要善于从危机中发现生机，人的自我潜能正是在一次次的生活洗礼中得到提升的，甚至努力过后，你会转过头感谢自己曾经没有放弃，也可能会意外地发现原来自己还可以这么强，从而进一步催生自我成就感和使命感，最终逐渐成为你进一步努力的内驱力。

所以，与其抗拒或逃避，不如把压力当作一次突破自我的挑战，一条提升自我的途径，当你调整了自己的主观认知，不去惧怕逃避压力，那么压力也就会成为你行动的助推器、成功的催化剂。

二、关于"努力"

（一）"努力"的本质

努力一词，听起来好像很虚，因为人们无法用一个量化的标准去衡量到底怎样才算努力。但是努力是可以通过行动显示出来的个人精神面貌和个性特征，所以努力的本质是行动。那么想要弄清何为努力，就要先弄清怎样有效行动。

感性和理性作为人认知和回应世界的情感系统重要组成部分，前者从一定意义上看是一种本能意识，后者则是在一定客观条件作用下，人对世界相对理智的分析和判断。在一切与延迟满足相关的社会活动中，理性为我们指明方向，而感性为我们提供动力。想要努力要有方向，想要行动要有动力，就要顺着理性的逻辑去展开，而理性的产生跟我们切身经历的某一个特定事件有关，包括经验和教训，前者往往给我们带来正强化，比如听音乐看电影能让你觉得身心放松，吃甜食能让你感到心情愉悦，做运动能带给你充沛精力等，后者则会给我们带来负强化，比如你课堂交流侃侃而谈，作业论文行云流水，一进考场就不自觉会大脑空白，因考试失利产生自我怀疑等。

所以从一定意义上看，正强化，也就是经验会促进人们有效行动，而负强化，也就是教训会成为努力道路上的阻力。同时要注意，生活中我们会看到很多鸡汤文，其底层逻辑就是教人将未来不确定会否发生的"好处"和"坏处"想象出来，比如那样思考会让你在未来成为一名智者，这样自律会让你有朝一日成功。这样用"想象"去催眠，当然收效甚微。所以不管是正强化还是负强化，经验还是教训，相对于灌输给人们想象出来的概念而言，都是真真实实经历过的，也才更能对自己未来的行动起到一定作用，所以"与其喝别人的鸡汤，不如自己熬制鸡汤"。

（二）如何有效行动

1. 制定自身行动方案的"四象限法则"

生活中能给我们带来类似正负强化的情感体验往往是多元的，可替代的，所以想要有效展开行动的第一步，就是参照时间精力管理的"四象限法则"（我们可以把要做的事情按照紧急、不紧急、重要、不重要的排列组合分成四个象限，第一象限包括紧急而重要的事情，第二象限包括紧急但不重要的事情，第三象限包括不紧急也不重要的琐事，第四象限包括不紧急但很重要的事情），制定出符合自身思维方式和喜好习惯的行动方案。"四象限法则"，即将行动方案按照具正能、具负能、快反馈、慢反馈的排列组合分成四个象限：

第一象限是具正能又能得到快速反馈的行动方案，比如刷手机和听音乐同为可以让同学们在紧张学习之余快速放松的方法，前者多玩成瘾伤神，后者可以怡情养性。又比如提前预习，可以帮助同学们带着问题去听第二天的课，也能因为可以从课堂中得到快反馈（比如老师肯定，很容易接受并记忆课堂所授内容等）而给自己带来一定的成就感和满足感。

第二象限是具正能但只能得到慢反馈的行动方案，比如发信息和面谈均可以作为学生向老师请教的方法，前者可能反馈很慢，甚至会不小心漏看信息，后者就可以直接交流，避免误解，及时释疑。

第三象限是既具负能又只能得到慢反馈的行动方案，比如不参加毕业实习，备考也不是基于对自己未来的生涯规划需求，盲目追高追热，或者听从家长安排，最终找到的很可能是自己既不喜欢又不擅长的职业。

第四象限是虽具负能但能得到快反馈的行动方法，比如摆烂躺平可以不费心力就能让人快速放松，但是否可取，无须赘言。

2．配合掌握一定提升效率的技巧

（1）有氧运动

众所皆知，运动能让人体合成血清素和多巴胺，这些物质可以让大脑产生愉悦的感觉，能够及时缓解人的压力。同时，运动还能让人体内的皮质醇含量降低，从而增强人的记忆力。有研究表明，在有氧运动后2小时之内是提升脑力和学习工作效率的黄金期，所以同学们可以通过养成定期运动的习惯，并且及时在运动后2小时内完成背记、学习、写作、设计等高强度脑力活动，这样既能得到快速有效反馈，也能进一步正向强化继续行动的内驱力。

由此可见，从个人层面看，运动可以让身体健康发展、能让心理也处于一个健康的状态，对人体健康有着诸多好处；从社会层面看，运动也能通过提升个人的整体精神风貌，增强其适应社会的能力，对培养德智体美劳全面发展的综合性人才具有积极作用。

（2）特定姿势

从人体生理功能来看，大脑的左右额叶分别与"记"和"忆"相关。当紧握右拳时，大脑的左额叶会比较活跃，此时更加有利于去记忆一些知识点，比如学习应试技巧，参加主题培训等。当紧握左拳时，大脑的右额叶相对活跃，此时更加有利于回忆，比如撰写工作总结、学术论文、科研项目等。当在相似的环境下摆出相似的姿势也有助于唤起回忆的能力，比如你在读书学习时，紧握右拳帮助自己更高效地记住所学知识点的同时，采取正襟危坐，双腿交叉的姿势，然后在考试时紧握左拳帮助自己回忆起背过的内容的同时，同样采取正襟危坐，双腿交叉的姿势，将会带你尽快进入熟悉的学习状态，减轻紧张感，缓解压力，也有助于唤起你学习的记忆，帮你从容冷静应考。

最后，如果你对自身定位不准确，目标不明确，动力缺失，状态萎靡，那么不管你掌握了多少减压技巧，制定了多周密的行动计划，也终究无济于事。

决策生涯方向　决胜"右脑时代"

人的右脑所具有的想象、创造以及图形化思维等人工智能无法替代的功能，决定着未来将会是右脑专业和行业流行的时代。在这个即将被"右脑"席卷的时代，站在人生分岔口的我们该如何抉择，怎样准备呢？

一、"右脑时代"为何势在必行

（一）人工智能的兴起

随着人工智能技术的飞速发展和在生活中的广泛运用，一些体力劳动以及与记忆、计算等相关的逻辑性工作逐渐被人工智能所替代。软件将成为人类大脑记忆和体能的"传送带"，将那些重复性、机械性、逻辑性等不需要融合人们主观创造性的劳动承载起来，输送到人们生活的方方面面。比如，北京冬奥村里中国创造加中国制造的"黑科技"就为全世界带了一波人工智能的节奏：体验感十足的冬奥村游戏室，运动员宿舍里有 8 个智能模式的智能床，集烹送导消一条龙服务于一体的机器人餐厅。再比如，学生每天都在亲身经历的各种线上预约图书馆自习位、远程教学、线上点单、手机支付、电脑作图、软件后期制作等学习生活体验……科技创新驱动发展时代的来临，不仅推动着全国经济发展方式的转型升级，提升高素质人才的培养水平，更实实在在地转变了我们以往的生活方式，营造出了创新友好的科技化社会环境。

（二）精神充实的需求

我国现阶段的社会主要矛盾已经转化为人民日益增长的美好生活需要和不平衡不充分的发展之间的矛盾，同时在我国实现第二个百年奋斗目标的重要阶段，我国物质文明、政治文明、精神文明、社会文明、生态文明将全面提升，全体人民共同富裕基本实现，我国人民将享有更加幸福安康的生活。

我们早已度过物资匮乏的年代，人们不再需要挣扎努力着去为衣食住行等基本生存需求奔波，我们的生活也从实用性物质需求向着便捷体验感、美化满足感等精神需求转变。物质基础决定上层建筑，现在我们的物质基础已经筑牢，那么未来我们将朝着想象力丰富的时代迈进，当前发展迅猛的融媒体、元宇宙等新兴领域已经为我们指明了未来的风口方向。

（三）资源共享的便利

受疫情影响，近几年的外部环境给人们的正常工作带来较大掣肘，但也同样激发了人们险中求胜、不破不立的求生欲。远程办公、线上教学、社区网格化服务等从被动启用，逐步发展到现在的广泛应用，短短的几年时间就给人们的生活带来了翻天覆地的变化，其所具有的便利性、便捷性、便宜性就是催生出现状的重要元素。

二、如何研判行业形势，决策生涯方向

（一）找一个不容易被人工智能取代的行业

那些具有清晰的流程规范步骤、可以被明确判断和执行等的工作领域正逐步被人工智能取代，这已经成了不争的事实。甚至人们传统概念里的医生、律师、教师等稳定职业，除了涉及情感和创造输出的工作内容之外，都在逐渐地智能化、程序化，比如电脑诊断、线上授课、云计算等操作门槛越来越低，给快消时代的人们提供高效便捷的体验。

从一定意义上说，容易被人工智能取代的行业主要涉及与左脑的记忆、逻辑思维等属性相关的领域，所以明确了这一点是决策生涯方向的第一步。

（二）找一个不容易被资源共享的行业

现如今，百度网盘等各类云端共享着信息资源、企业微信等各类线上企业工作平台共享着管理资源，各类中介外包公司共享着人力资源……随着全球老龄化趋势愈发明显，人口红利逐渐消失，成本低、速度快、收效好的资源共享平台也在加剧着"左脑行业"的内卷。

（三）找一个可以提供精神价值的行业

现在人们已经不仅满足于对实用性物质生活的需求，那些具有设计感、创新性、美感，甚至是故事性等能为人们带来积极情绪体验才是越来越多的人所追求的精神价值。所以那些还局限于"实用耐用"的行业，除非有较深的文化底蕴和较高的传统意义，终将逃不掉被时代淘汰的宿命。

三、"右脑行业"需要具备哪些能力

（一）审美"设计"能力

现在不论是商品还是服务，好用与否已是其次，能给人们带来良好舒适的体验感、美感才是重点。所以可以毫不夸张地说，未来在很多行业领域将会有大量设计人才的缺口，这里的"设计"不局限于平面、建模等专业，同时也包括诸如生态社区构建、生活美学设计等可以提供美感、体验感、创意性的相关行业领域。

（二）情感"输出"能力

其实对于很多初入社会的高校毕业生而言，在个人专业知识技能输入程度方面是不相上下的，那么决定行深致远的关键就在于其是否具有将自己本身、将所做的工作，包括产品、服务、知识体系等通过情感进行输出的重要能力，比如以讲述一个动听故事的方式"推销"理念；比如认清面对同一项工作，做完、做好和被人接受认可是递进式三级境界……这些都将是保证未来职场人立于不败之地的核心竞争力。

（三）斜杠"跨界"能力

激烈的社会竞争环境下，斜杠青年、跨界精英已经屡见不鲜，最近卷出天际的中考成绩、令人咋舌的幼儿园履历正一步步刷新着社会对综合性人才的定义。原来的时代需要可以在一个领域内做深做透的"专才"，而"右脑时代"则更需要综合性人才，尤其需要具有想象创造力或情感输出力等具有"右脑"特征的专通兼备的 π 型人才。

如此看来，"不会人力管理的心理咨询师不是好老师"这类的段子，怕是要改为"没有审美的记者不是好主播"了吧。

大学生"决策力提升"问题的提出及对策

一、问题的提出

（一）内驱力的生成

现在很多同学仍不明确未来的发展方向，不仅包括职业发展的明确定位，还包括深造领域的具体选择。一天到晚忙忙碌碌，却仍旧收效甚微，每日匆忙疲惫，却仍觉前方是迷雾一片，到头来，不知道为何忙碌，也不知道去向在哪。归根到底，造成这种情况的原因是大家没有把格局打开，视野放宽，基本决策没有做好，也就无从去谈执行力和价值实现。

走好生涯决策的第一步，先要明确我们进行专业学习的最终落脚点是展开职业生涯，最起码有安身立命的自觉和能力，这是大前提。在校大学生的综合素质悬殊并非很大，大家其实都很优秀，只是各有所长，各有领域而已。同时，每个人的前路追求不同，所谓能力也就没有可比性，也无须比较。这样的生涯认知一旦形成，接下来就可以思考如何养成生涯自觉。

很多时候，同学们并非从主观上想要去逃避或拖延，只是自小以来就习惯于亦步亦趋地被耳提面命，懒得去成长，怠于负责任，慢慢地也就忘记了自己才是人生的责任主体。同时，"望子成龙，望女成凤"的迫切愿望，使得很多家长急于在未对孩子做客观评价，并与孩子做理性沟通之前，即单方面为孩子设定好了"理想人生"。于是双方一拍即合，当下里的决定看似合情合理，殊不知，在盲目追高追热的非理性心态下，很可能会导致孩子拖延、缓冲、逃避，虚耗自己最宝贵的大学时光。

多年来，在跟那些在家长全力经济支持下全脱产"二战"、没有具体目标即盲目GAP等学生的沟通交流过程中，我们发现他们的共同特点就是"家长支持＋自身拒绝成长"，从08级到最近一届毕业生目前的发展现状来看，在本科阶段"先考研让自己再缓冲几年再说"的毕业生在后面的求职成功率，甚至生活幸福感方面普遍低于有针对性完成升学人生规划的这部分毕业生。

在校大学生们即将完成从学生到社会人的身份转变，请珍惜四年的过渡期，从现在开始重建生涯自觉，对自己的性格色彩和职业定位做出明确的认知，把自己的人生理想具象化并形成自我发展的内驱力。

（二）"生＋校"命运共同体

如果上述还不足以帮大家唤起对生涯自觉的重视，下面的校友经历或许能给在校大学生些许启示：每一个校友都是母院培养高素质综合性人才成果的名片，而母校母院的长足发展，亦是师生个人职业发展提升强有力的后盾。

校友小A单位需要就某一新闻选题采访相关专家意见，同时安排小A和某校毕业生小B联系专家资源。小A当年从大二开始即利用假期在现单位实习，大四毕业季时直接实习转就业，成为那一届最先优质就业的毕业生之一。在实习实践过程中，小A努力将课堂专业所学灵活运用指导实践，并在项目推进过程中不断发现自己的专长和兴趣所在，用他后来的话说就是"不提前出去被社会吊打，我还真不知道自己有这样那样的问题，也小瞧了自己还有令人惊艳的潜力"。他深知"实践是检验真理的唯一标准"，所以始终保持清醒，在实操中一点点弥补自己职场技能的不足和专业素养的欠缺，及时抓住机会，在返校后充分利用校内专家资源，有针对性地向专家请教问询，不仅使他的理论实践技能双提升，同时也帮助他建立了良好的师生关系，可谓占尽大学的"便宜"。也正是有了坚实的关系基础，小A在拿到任务之后立刻联系母院，并第一时间拿到了专家库（这是战胜小B的关键所在），敲定采访方案，先小B一步拿下选题。

从这个案例中我们可以看到：如果小A的母院没有强大的师资力量、过硬的专业实力、一定的社会声望，那么小A也就不可能屡次占得先机。相对应地，小A用他扎实的专业理论素养和实操技能，被委以重用，用实实在在的职业发展成绩带动家乡甚至各地高中生源看好母院、信任母院、报考母院。在高校"双一流"学科建设竞争白热化的时代背景下，小A以校友身份身体力行地助力母院发展、母校建设，用高水平的校友培养质量，逐步增强自己手中母校毕业证的含金量和社会竞争力，用"生＋校"命运共同体思维打造双赢局面。

所以同学们，你们比自己想象的更重要，你们是母校的希望，而母校则是你们日后个人发展的底气！

二、对策及建议

（一）生涯决策及职业方向探索自测

即描画个人性格色彩，发掘心灵深处愿景，先决策生涯，再自测具体方向，做到有的放矢，事半功倍。

【决策指南】
　　1、横栏：列出待决策的选择项，如出国留学、国内升学、国内体制内就业、国内社会就业、自主创业等；A 大学 A1 专业、A2 专业、B 大学 B1 专业、B2 专业；A 城市 A1 单位、A2 单位、B 城市 B1 单位、B2 单位……
　　2、纵列：列处你认为重要的考量指标（一般包括如下四个主题：自我物质得失主题，如个人收入、人际网络、健康状况等；他人物质得失主题，如给未来家庭带来的社会地位、未来家庭的生活质量等；自我精神得失主题，如是否符合个人兴趣、工作压力、生活规律、现下生活方式需否改变、成就感达成可能、幸福感达成可能等；他人精神得失主题，如符合家人期望、是否方便照顾家人等），并根据重要程度从 1 到 5 打分，5 为非常重要，根据自己的真实想法确定选项和对应分值，选项可自行增减填写，分值可正可负计算。

主题	影响因素	国内升学	出国留学	国内社会就业	国内体制内就业	……
自我物质得失	A、个人发展人际支持	2	1	5	-1	
	B、家庭经济条件	4	-1	5	1	
	……					
他人物质得失	A、					
	B、					
自我精神得失	A、					
	B、					
他人精神得失	A、					
	B、					
	总计					

生涯决策平衡单

（二）审视自己的任职资格和胜任力

1. 任职资格一般包括教育背景、专业知识、经验、技能等的行为能力＋外在条件＋基本素质，是 HR 初步筛选求职者的基本判断标准、入职门槛。放在大家身上，即大家要顺利完成专业学习，具备用理论指导实践，用实践加深理论的基本能力，拿稳抓牢通过四年的大学专业学习可以获得的求职"敲门砖"。

2. 包含执行力、创新力、适应力、抗压性、"三观"、认知力等更深层次元素的职业技能，是进入职场之后，你的领导判断你是否具备卓越员工潜质的标准，也是区分优秀员工与普通员工的标尺。这部分能力是需要大家在大学期间提前做好储备的，比如积极参加学生社团活动，通过课外实践逐渐尝试将身份从学生到社会人方向转变，没有参加过学生社团的同学，也可以通过社会实习实践，提前了解职场现状，熟悉职场技能，通过这一途径也能很好地提前积累实操经验，殊途同归而已。

3. 规划简历，提升面试竞争力。简历制作不仅是打开职场大门的敲门砖，对于升学面试等所有毕业方向同样重要，因为在你还没有机会展示个人综合能力之前，简历就是你的名片、你的代言人，是录用方愿否进一步深入了解你的判断标准。并且，在你一点点梳理充实简历的过程中，你会更加直观清晰地看到自己的薄弱环节，督促自己抓紧在剩下的有限时间里，有针对性地查漏补缺，做好准备。

简历应尽量精简在一个页面幅度，基本框架建议包括如下：A. 个人基本信息（注意删繁就简及个人隐私保护）；B. 教育背景（注意时间轴梳理、所修专业与求职岗位的匹配度）；C. 校园实践经历（组织、职位、以数据和案例做工作职责简要描述等）；D. 社会实践经历（单位、职位、实习期间成果数据梳理等）；E. 科研及获奖经历（时间、名称、等级等含金量输出）；F. 个人技能及证书（包括专业技能证书和职业技能等级证书，前者可为从业资格相关证书，后者可为专业软件操作、办公软件操作、生活实践技能等证明）；G. 自我评价（选填内容）。

总之，个人简历首先应尽量简练，文法准确，不要出现基本语法错误，也不要长篇累牍冗杂繁复，尽可能在有限的篇幅内将个人能力和成果展现出来。其次，要有的放矢，重点突出，针对不同性质的行业、岗位，适时调整简历框架和内容，不要一份简历海投四方，既无诚意，也影响竞争力。

4. 面试准备。包括面试类型、训练方法、应试技巧等。

高校返校工作中的疫情防控典型案例

近两年每逢假后复学，各高校除了提前安排常规工作外，重中之重就是疫情防控工作。学生从不同地方返校复学，在疫情管控区域随时处于动态调整状态的形势下，如何确认学生返校前和在途的健康状态、防止出现学生返校后的群体性健康问题、在出现紧急情况下如何有序开展工作并防止疫情扩散等是各高校在实际工作中需要解决的一系列问题。

在各项防疫实施方案推进落实之前，有关部门均会就方案的可行性及有效性进行几轮论证，以保证迅速落地。中小学校在出现紧急情况时一般会立即停课停学，全面筛查，其主要原因在于中小学基本是走读教学，用这样的方式来切断扩散可能较为合理，但却并不适用于高校疫情管控工作。大多数情况下，在发现确诊、疑似、"时空伴随"等情况时，高校可以采取的最高效的措施只能是尽快形成闭环，截断所有可能的传播渠道，必要时可采取全面筛查加集中隔离管理，以保障大多数师生的健康安全，下面以2022年春季开学期间，高校防疫管理工作出现的两类典型问题为例。

一、有关集中隔离管理工作中出现的问题

（一）案例背景

大规模的聚集或流动会增加疫情集中暴发的风险，尤其须在假后复学复工的短期时间内加大防控力度。2022年春季武汉再次发现病毒感染者，部分高校也发现疑似密接和"时空伴随者"，为了抓细落实流调、排查、管控、救治等系列工作，各校从严从快，迅速做出反应，开展多轮省外返校师生核酸检测，同时对涉及疑似密接学生学习生活区域做重点消杀，对寝室楼做临时集中隔离管理，多方联动，闭环处理，防控效果明显，校园形势稳定。

但纵观全局，相关案例所暴露出来的问题也显而易见：比如，对于疫情闭

环管理，现在人们基本上都能快速认识形势并积极配合，但由于管控通常只涉及小部分区域，大多数情况下，人们对于管控工作的认知来源于新闻和身边人的转述，所以当事情真的发生在自己身上，有情绪波动也是人之常情。再比如，接到流调短信或电话的学生不清楚如何配合，担心个人信息被泄露而瞒报漏报谎报；防疫工作涉及各类数据的收集、统计和报送，数据配合得是否准确、及时从一定程度上直接决定着防疫工作的效率；集中隔离之后学校各部门如何协调，以尽可能保障相关学生在隔离期间的正常学习生活；对于有特殊情况的学生，比如确有身体、心理健康问题需定期治疗的、学习生活中出现临时状况等紧急情况的应对和处理；"时空伴随""序贯免疫接种"等防疫情况的解决等。

（二）对策建议

1. 畅通信息反馈通道，建立资源共享平台

搭建公开固定的沟通通道，及时披露相关信息，避免学生因过度猜忌导致情绪波动，滋生疫情讹传，同时第一时间进行最新形势通报，结合及时有效地宣传教育，促使学生在理解的基础上主动配合相关工作。

2. 优化管控体系，注重工作细节

成立院校防疫工作领导小组，全员联动，分工协作，细化职责，固化工作模式并通过实践不断优化调整，实现"'疫'来有保障，行动有指南"。同时，要注重工作开展中的细节问题，比如针对省外返校学生开展流调工作时，须注意对学生隐私的保护，保证所涉学生不会因配合防疫工作导致个人信息披露而被二次伤害。做好前期数据统计和动态管理，必要时配合技术手段，实现大数据共享，避免重复工作，保证统计、汇报效率，提升防疫工作实效。

二、学生不重视、不配合学校管理工作要求，缺乏纪律意识

（一）案例背景

疫情防控期间，高校学生除了要遵守日常管理规范之外，还需要严肃纪律要求。"返校前需在学生网上事务大厅填写'学生返校申请'，并提交48小时内核酸检测阴性证明，审批通过后方可返校""返校后非必要不出校，非必要不离汉，非不要不出省""省外返校学生须配合完成核酸检测工作""返校后确有特殊需要的，须严格履行请假手续，以作流调备查"等防疫工作要求是为基本，但在具体实践过程中，很多学生习惯于辅导员的人文关怀，对于纪律的遵守常

常心存侥幸，以至于先斩后奏，甚至瞒报谎报漏报等情况层出不穷。学生并非不明白道理和规则，院校时常强调，辅导员耳提面命，师生全员配合均是常态，耳濡目染之下早已形成共识，在这样的情况下仍明知故犯的话，可能的原因就是纪律要求出现了权责不对等。简单地说，辅导员在落实具体工作时抱持着"保姆式"统管心态，把规则掰开揉碎，向学生苦口婆心逐条解释，间接纵容助长学生的"巨婴"心态。高校大学生已是成年人，自律和担当是其在社会中生存时最基本的行为准则，在行为规范已具备可操作性的前提下，遵守规则就是理所应当。但在实践操作中，有关部门着重阐述具体操作流程，对于责任细化和惩罚机制尚不明确，从而容易造成学生"我不遵守，好像也没什么后果"的错觉。

（二）对策及建议

辅导员需要做的并不是手把手的贴心服务，而是教育引导学生形成自主责任意识，内化于心，外化于行。同时有关部门在制定相关规范、做具体工作部署同时，需要进一步明确责任主体和配套的奖惩措施，以提高学生纪律意识和责任意识，必要时，高校须正视学生问题，严肃纪律要求，严格执行落实，不打折扣，不存侥幸。

顺势而为，做"够格局"的新时代青年

在 2022 年，中国制造的机器人"厨师""服务员""管家"们竭力展示着中国智慧，在各国主流媒体和运动员的背书下，中国向世界呈现了一场圆满的冬奥盛宴。各行各业的"逆行者"们无私贡献着中国力量，与各国友人一同守望相助，抵御住了数轮变异病毒的卷土重来。

可以说，在没有前例参照的条件下，我国的防疫工作之所以能够屡创奇迹，工作体系日趋完善合理，其根本原因在于在我党的正确领导下，全国人民齐心协力、共克时艰，在实践中一点点摸索出适合国情、惠及世界的中国抗疫智慧。

而高校作为新时代青年的孵化器，始终坚持全面培养的育人工作理念，培育青年成才，守护青年成长，通过不断摸索防疫工作经验，优化管控工作方式，屡次实现零的突破，慢慢形成了一定的高校防疫管理工作体系。

疫情不会因为怕打扰你休息只选择在白天作祟，我们随时可能接到流调短信或电话，甚至在大半夜被紧急安排集中隔离，或配合临时封闭管理。这学期就有学生在临行前因本人所处地区被调整为管控区域，不得不止住返校的脚步；本来是周末回家陪护病中家人，结果被临时封闭在了自家小区，不得不被上网课；因为出现疑似密接，整个学生宿舍楼被临时隔离……在此期间，我们不仅见识了高校对于校内疫情迅速做出反应的雷霆之势，感受到了无数在背后默默付出的志愿者师生的暖心陪伴，也见证到了当代大学生的责任担当、格局意识。但同时在工作开展过程中出现的种种问题，也提醒高校须加强思考，尤其是在开展集中隔离学生工作中，如何在保证疫情防控有效性的同时，尽可能提升具体措施的可行性及高效性。面对突如其来的变动，大多数的学生还是可以及时认清形势，尽快调整状态，积极配合整体工作。但也有一些学生由于各种原因，出现情绪波动或者行为认知问题。一方面，人们在应急环境下的确会做出一定的应激反应，此为人之常情，但区别在于，我们能否在较短的时间内尽快做好自我调整，究其根本，就需要我们高校学生有足够的大局意识、责任意识和纪律意识。毕竟，高校学生受过的高等教育可以帮助我们在纷繁爆炸的资源中过滤无效信息，客观正确地认清当前国内外形势，了解疫情防控的基本常识。有了这样相对充分的知识储备、成熟的认知能力的基础，也就要求我们在面对特殊情况时有相匹配的认知和作为。

也有人可能会说"不要对我进行道德绑架，做一名精致的利己主义者没有错"。说实话，我们已经真切地看到了身边太多为了大局、为了大义、为了大家而选择逆行而上，舍己为人的同辈榜样，"新时代青年的责任担当"对于青年来说不再是从前脑海中的一个"假大空"的概念，它是一例例鲜活的案例，是顽强的意志、坚定的脚步，无悔的付出！所以我想，那些有过类似想法的同学或许只是在当下因情绪波动导致的口无遮拦，内心里他们是感受得到榜样的力量，眼里是看得到同辈的表率的，这就对青年学子们另外提了个醒：生活中不存在没有边界的权利和自由，你有权质疑规则，但先要有自觉性，你可以行使自由，但先要有界限感，谨言慎行是成年人的权利，更是义务。

生涯虽短，"交心"相伴

——辅导员网络生涯指导工作杂记

习近平总书记曾引用朱熹的名言："为学须先立志。志既立，则学问可次第着力。立志不定，终不济事。"要成为社会主义建设者和接班人，必须树立正确的世界观、人生观、价值观，把实现个人价值同党和国家前途命运紧紧联系在一起。几千年悠悠历史锻造了中华民族博大精深的优秀传统文化，革命先辈前赴后继筑就了今日屹立世界之中国，我辈青年才得生逢其时，安享太平。

在当前全媒快消时代，世界仿佛被一只无形的手一刻不停地向前推着，"不在焦虑中爆发，就在激流中淹没"，承载着民族希望，肩负着时代担当的青年们在前行的道路中，有些人或因诱惑，或因甘于庸碌而迷失了前进方向，但更多的青年选择坚定自身步伐，用踏实苦干践行青年使命，以无畏的担当引领时代航向。

可还记得那一群可敬可爱的"90后""00后"年轻人，他们有的在面对突发未知时虽然心中有所畏惧，却也义无反顾地主动请缨，逆行上阵防控疫情一线；有的早已体弱透支，却仍坚持连续奋战，并为了节省有限的防护资源而抱冰消暑；有的年轻爱美、注重外表形象，却心甘情愿任由防护面罩在自己的脸上留下特殊的时代印记……

2020年，我们看到了如此多热血坚毅的青春面孔，体会到了诸多感人至腑的青春感动，在这场没有炮火和硝烟的战争中，时代青年们同样有着"血洒疆场"的壮志豪情和爱国情怀，他们金戈铁马、披甲上阵，用青春创造着属于自己的精彩，用热血筑就了一座座阻"疫"堡垒，用双肩挑起了中华民族的旗帜！

2020年，依玖青年们有触动，更有行动！且听我们的心声，且顾我们的风采，让我们一起用实际行动立德成人，立志成才，向祖国明志，为青年代言！

一、依玖"交心"
——辅导员生涯指导公众号网络推文

（一）大学生生涯直通车系列网文五则

大学生生涯直通车之做自己的"老板"（自主创业）

在跟学生做例行"面对面"访谈时我惊喜地发现，有个别 19 级新生有很强烈的自主创业想法，并且有的已经开始付诸实践。自主创业作为高校毕业生的重要分流方向之一，越来越受到大学生的青睐，不过大多仍只停留在设想阶段，能够最终实施并收到成效的却是少数，这些学生并非不知道为何入手，而是不知道从何入手，那么，怎样才能把个人的创业理想转化为现实？

结合近年高校毕业生自主创业案例可以发现，那些起步顺利并能长期推进下去的创业成功案例往往都有一个共同点，那就是创业者深谙并且在实践过程中始终践行着一个道理：磨刀不误砍柴工。先明确创业方向，理清创业思路，在勇敢地迈出"万里长征"第一步前回答三个问题：为什么要选择自主创业（必要性）？有哪些现实支持（可行性）？如何起步（可操作性）？

一、为什么要选择自主创业？

（一）自身具备哪些基本特质

想要自主创业，先要有客观的自我认知。

何为客观的自我认知？就是要有理性且明确的创业规划，而不是在未做市场分析、行业研判，找准自身定位之前就贸然冒出"看着别人有糖吃，自己也想入市分得一杯羹"的一时冲动。盲目追高追热可能造成的结局就是现实与理想的严重落差，以及人财两空的尴尬境地。

同时，要想创业成功，具备一定的个人能力特质也很有必要，比如市场分析研判能力、团队管理能力、信息和目标管理能力、社会交往能力、学习能力、抗挫性、抗压性、处理突发事件的能力等，因为创业不仅是一个决定，更是一个长期过程，一种生活修行。要想过程顺利，掌舵人就要看得准、放得开、稳得住、扛得下。如果你觉得你缺乏上述的任何一个特质，可以尽早有针对性地进行自我提升和完善，比如通过观察"过来人"的创业过程，有针对性提出问题，征询意见，借鉴经验，在亲身实践的过程中，结合自身实际情况制定合乎自己创业发展的系列规划，并在实践中加以检验，通过一个个小目标的达成，最终达到创业理想的实现。又比如通过积极参加学校的创新创业实践性项目，在模拟实战中相互观察学习，总结专业理论，其中"挑战杯""大学生创新创业训练计划项目"等都是不错的平台，再将这些通过寒暑假或其他课余时间带到实践中进行检验打磨，最大限度地降低试错成本。

（二）自身具备哪些基本条件

任何行业创业不仅要有潜（质），还要有"利、力、历"。

"利"是除了自身条件之外的基础。没有实际的资金支持或者获取资金的能力，再好的创意想法都无法转化为实际，凡事也只是一纸空谈。有些自主创业的大学生是通过家族或者身边资源的融资支持作为跳板，掘开人生中的第一桶金。没有先天优势条件的高校毕业生也可以通过大学生创业优惠政策渠道申请银行贷款、场地支持等，不管哪种方式，都需要提前做好风险预判和承受准备，这是创业前期以及维持创业正常运转免于威胁和风险的保障手段。

"力"即技术和能力。不管选择的是什么性质领域的创业方向，都需要一定的技术，也就是把智力变成现实的能力，包括行业分析、风险研判、队伍管理、数据分析、营销谈判、资产管理等，注意多充电学习，积极翻阅相关书籍或者参加创业管理类培训，接受专业指导，提高创业成功率，真正做到"召可战，战必胜"。

"历"就是经验经历。身处象牙塔中的大学生们从来不乏理论研究的能力，这是我们接受教育这么多年一直在做，也基本上仅仅在做的事。可是理论和实际之间总有差距,我们需要用理论联系实践,更需要用实践检验理论,切忌眼高手低。所以大学生想要创业,就要先跳出学生纸上谈兵、坐而论道的思维惯性,多做前期调研和实战体验,前往相关企业单位去实习实践,学习积累对方的管理和经营经验。

二、有哪些现实支持?

(一)社会实践背景

随着我国社会转型化进程的不断推进,新生行业领域层出不穷,疫情防控期间更是催生出了很多新兴职业:智能制造工程技术人员、工业互联网工程技术人员、虚拟现实工程技术人员、连锁经营管理师、供应链管理师、网约配送员、电气电子产品环保检测员、全媒体运营师、健康照护师、呼吸治疗师、出生缺陷防控咨询师、康复辅助技术咨询师、无人机装调检修工、铁路综合维修工、装配式建筑施工员、人工智能训练师、区块链工程技术人员、城市管理网格员、互联网营销师、信息安全测试员、区块链应用操作员、在线学习服务师、社群健康助理员、老年人能力评估师、增材制造设备操作员、互联网信息审核员、公共卫生辅助服务员、防疫员、消毒员、公共场所卫生管理员……就连每天占据各类平台直播带货的"网红"们也有了自己的职业名称"直播销售员"。这些新兴职业的产生,不仅适应了新技术新职业的社会发展需求和方向,也加快了构建与国际接轨,符合我国国情的现代职业分类和就业服务体系。对我们每个人来说,不管是作为受众还是参与者,都为解决我们最大民生问题,落实国家"六保""六稳"工作任务提供了有利条件,同时对于我们大学生来说,也可以借此看到许多未来的新条件、新方向、新可能。

(二)优惠扶持政策

为了给留汉大学生提供更广阔的发展平台和上升通道,为高校毕业生尽可能提供就业创业便利和服务,武汉市和中南大一直以来都在不断推出各项优惠政策和扶持办法(可自行网查最新资讯或详询中南大校团委创业学院),其中包括提高贷款额度、政府给予贴息、降低注册门槛、简化申请程序、实行创业开业培训指导"一条龙"服务等,可谓是为大家大展拳脚尽可能铺平了道路,创造了条件。

三、如何起步？

（一）确定创业方向

工作室在给学生做生涯指导时一般都会建议学生遵循一个原则"要么做自己擅长做的事，要么做自己感兴趣的事，前者可以带来成就感，后者容易赋予幸福感"，如果可以刚好集两者于一身，就能帮助学生实现生涯理想最大化。如果不是，那么至少要满足其中一个方面，同时选择相对市场认知度高、成本低、风险小、消费频繁等特点的行业。大学生创业还有一个先天优势就是可以利用各类新媒体平台进行试水，实体经营后行的方式，可以最大可能地降低创业风险，提高成功率。所以结合上文所述的各种前提，找到符合自身条件的创业领域是非常重要的。

（二）做足前期调研

确定了发展方向，接下来就建议创业学生对有关行业现状、发展前景、市场饱和度、专业匹配度、受众分布等方面做好前提调研，综合考量各种因素后制定可行性计划。在此之前，开业培训和相关能力培养也是非常有必要的，否则空有一腔热血，却无从下手不知所往，也是徒劳。最简单的办法就是观察学习意向行业的发展现状和经营理念，权衡利弊并有针对性地做出预案，尽可能避免重走弯路。

（三）详拟开业计划

这其中包括对各种实际因素的考量，包括国家对大学生创业扶持政策、创业地实际优惠政策、团队组建、场地选址、启动资金筹备、制定中短期计划及制定突发预案等，基本上有关人、财、物、行的所有因素都要尽可能考虑周到。

创业，就好像孕育一条新的生命，你需要负责，需要承担，更需要耐心。

现在，舞台已为同学们搭好，接下来该你们登场了！

大学生生涯直通车之职场初体验（实习实践）

说起人生的三重境界，想必大家会很容易联想到王国维在《人间词话》中的古今之成大事业、大学问者必经的三重境界——第一重境界，昨夜西风凋碧树，独上高楼，望尽天涯路（立）；第二重境界，衣带渐宽终不悔，为伊消得人憔悴（守）；第三重境界，众里寻他千百度，蓦然回首，那人却在灯火阑珊处（得）。其实，大学生课外实习实践也有着三重境界：为小钱、为任务、为生涯。如果说王国维的三重境界呈现的是递进式的人生成长历程，那么大学生课外实习实践描述的则是并列式的生涯抉择智慧。

一、"为小钱"

在每日访寝时总会看到楼道和宿舍门上贴着的各类招聘、兼职类小广告，这种广撒网式的宣传方式看似随机，实际上很容易勾起不少大学生挣小钱以"改善生活"的物质欲望，对此，建议同学们保持审慎态度。大学生的主职主业是知识素养积累和自我能力提升，如果把自己有限的时间精力花在这些没有技术含量且安全系数存疑的类似发放传单、服务接待、打字辅助等兼职上，因此获得的蝇头小利非但不能使个人生活质量有多大实质性的提升，对个人专业能力和社会实践经验积累的作用也是微乎其微，边际效应更是不言而喻。

二、"为任务"

根据我校《本科学生修业管理办法（修订）》以及各专业全程培养方案的相关要求，同学们不仅需要在毕业前完成各类科目的修业，还要完成实践类课程和毕业实习的学习任务，全部通过后才能达到毕业的最低要求。在与同学们讨论有关毕业实习的问题时，受访学生基本上都是为了完成毕业任务而例行公事地问一些诸如"毕业实习是自己找单位吗""必须做跟专业相关的实习吗""毕业实习必须出实习成果吗"等方面的问题，甚少有人会对毕业实习的意义、价值、如何实践收获等问题做出更深层次的思考。

毕业实习作为大学本科教学非常重要的一环，是帮助大学生巩固和应用专业所学、培养个人社会实践能力、实现从学生到职场人转变的重要手段，为帮助大学生提前了解社会、走向社会、适应社会、融入社会做好一定的准备，从而增强新时代大学生的社会责任感和时代使命感。虽然通过毕业实习的体现形式是顺利拿到学分，但更需要我们重视和思考的是其所体现出来的深层次的价值和意义。

"职场菜鸟"是每个人职场生涯起步的必经之路，同是"菜鸟"也有"菜"和"更菜"之分。为了可以尽快实现学生向社会人身份的转变，调整自身适应社会职场环境，建议大家充分抓住毕业实习的宝贵实践机会，选择跟自己未来生涯相匹配的实习岗位，亲身体验相关行业现状和职场要求，为一年后能顺利走向社会积累必要的实践经验和人脉资源。同时，做好毕业实习实践也有助于帮助大家在归纳整理实习总结材料时，将专业所学和实践体验相结合，形成具有实践性、现实性、可操作性的个人生涯发展思路。除此之外，在实习实践过程中，同学们要始终牢记"三多三少"（多学、多听、多做；少说、少浮、少利）的原则，摆正心态，保证效率。

三、"为生涯"

人才培养、科学研究、社会服务、文化传承创新是我国高等教育的四大功能，其中作为核心任务的人才培养，须通过科学研究、社会服务和文化传承创新来实现，四位一体，缺一不可。大学主要培养的是综合型、实践型人才，科学研究的最终落脚点也是培养大学生具有服务社会和实现个人价值的意识和能力。所以教人和育人是高等教育的一体两面，两者相辅相成，偏向任何一个方面的做法都是狭隘的。

有具体生涯规划想法的大学生，对于大学实习实践的认知界定一般都不会仅限于毕业实习这一狭隘范畴，他们会从基本的从业资格准备到个人能力提升、从实习实践时间安排再到经验总结等，做出一系列理性而清晰的定位，并有目的、有针对性地制定中短期计划，可以是线上线下相结合，可以是实践性课堂和课余假期相结合，可以是实践类科研项目和真实职场体验相结合……但凡能利用上的资源和可分配的时间，都会为这类学生最大限度地利用，可以说，他们在大学期间的一切学习和实践活动的目的非常明确，都是为最终实现生涯目标而服务的。

实践是大学生知识创新的源泉，检验理论所学的试金石，自我完善成长的有效途径，一个人的知识储备、专业素养和个人价值只有在实践中才能得以充分地完善、发展和实现，从而为自己事业的成功打下良好的基础，这种广义上的社会实践将要且必须贯穿于每个学生的大学四年。

大学生生涯直通车之我想看世界（出国）

热爱生命的人，生活必款款回应。

2020 年，无关国籍，无关民族，疫情突然而至，几乎席卷全球。有人"集体免疫"，有人"集体出走"，而我国人"不抛弃，不放弃任何一个生命"，齐心共守，包机、转乘，竭尽全力也要将留学在外青年学子迎回祖国怀抱。在这样的对比下，"此生无悔入华夏"已不单单是一个宣言，而是国人发自肺腑的民族认同感和自豪感。既然如此，为什么还是有那么多国人"踏出国门"，岂不矛盾？这需要从一些大学生"我想看世界"的初心谈起。

一、情怀

曾经有一封颇具情怀的辞职信"世界那么大，我想去看看"风靡全网，这样的魄力和潇洒无不让观者也心向往之。现在这封信的女主角承载着我们每个人内心深处秘而不宣的梦想，将足迹遍布山川，用镜头装满湖海，过着一屋、二人、三餐、四季的恬淡生活。

我们的很多大学生也在用脚步丈量着世界，用双眼体验着生活。读万卷书不如行万里路，如果有条件，趁着年轻多出去体验不同的文化，见识各色的人情，探索更深的学海，开拓更宽的视野的确是不错的选择。

二、现实

但理想丰满，现实骨感。事实上，留学和旅游完全是两码事，出国"深造"务必要"慎重"。留学可否成行，必须首先考虑家庭经济实力，不能因为盲目跟风而去刻意为之，这样勉强的后果很可能就是家庭承受力的崩溃，个人在外求学发展受制。毕竟留学不是一朝一夕的事，其中必然涉及如何适应陌生的国外生活环境，如何融入不同的文化和学习氛围，另外还会有语言沟通的障碍、消费能力的差距等。长期处于多重压力之下，机会成本陡增，如果家庭经济实力不足以支撑，物质基础摇摇欲坠，则只会使留学生活雪上加霜，锋芒挫缩，学习生活两不相顾，最终导致竹篮打水，得不偿失。

三、权衡

通过理性权衡各种客观条件后，接下来就需要进一步思考出国留学的去向和归处。

（一）不是所有专业学习背景的学生都适合出国留学

随着"双一流"建设国家战略的提出和稳步推进，我国高校始终坚持"以一流为目标、以学科为基础、以绩效为杠杆、以改革为动力"的基本原则，加快建设世界一流大学和一流学科。"双一流"建设为提升中国高等教育综合实力和国际竞争力，实现中国大学冲进国际前列、打造顶尖学府提供了前所未有的机遇。近年来，我国一直不变优化提升高等教育模式的脚步，教学水平大幅提升，高校在学校综合实力和学科建设方面均取得了质的飞跃，在这样的背景下，国内一些高校的优势学科迅速崛起，国内教学资源和国际竞争力丝毫不亚于国外相关专业学科，出国留学便没有太大必要。

（二）不是所有的个人条件都可以出国留学

上文我们讨论了影响留学决定的各种客观条件，另外学生个体的综合能力和主观状态也是很重要的考量因素。

当下高校大学生的挫商和逆商存在一定的不足，这与这代孩子的教育背景和家庭环境等代际成长特点是分不开的。考试失利、恋情受挫、亲子关系、同学关系等都是普遍影响大学生情绪和心理问题的常见诱因，部分在校大学生习惯于延续学生思维模式，从内心里拒绝长大，一边强调着个人权利和思想自由，一边呐喊"我还是一个需要被投食的宝宝"，推锅卸责自我逃避是其惯用方式，"没人告诉我怎么做啊""我以为这样做是合理的""这个结果也不是我一个人造成的"诸如此类自我意识强烈的思维方式，是学生在过往成长经历中形成的一种评价习惯，很难打破既定形成。出国在外，这类的问题更是只增不减，此时如何做出自我调整则是对大学生能力和心理的双重考验。

同时，随着经济的飞速发展，我国的社会主要矛盾已经转化为人民日益增长的美好生活需要和不平衡不充分的发展之间的矛盾，"生活好"而不是"生存好"早已成为当下国人关注的焦点和努力的方向。优质的生活成长条件使得很多大学生的自理和为人处事的能力稍显欠缺。象牙塔作为一个社会的缩影，由于各类生活问题引起的情绪崩溃从而造成的悲剧也时有发生，出门在外尚且有虑，出国在外更不必多说。

（三）不是所有的职业发展方向都需要出国留学

即便是相同的专业学习背景，每个人的具体生涯规划也不尽相同，留学和深造更不应成为拒绝成长的堂皇词、拖延就业的避风港。那些抱持着"我还小，找工作的事早着呢""深造镀金回来自然有好单位抢着要""留学生比国内毕业生的机会大得多"等自我催眠心理，出国留学归来即失业的学生比比皆是。事实是，你能不能有一个好的出路，不仅受着社会大环境的影响，还需要个人综合能力和实践经历等与求职岗位的匹配。诚然，留学经历在求职过程能起到一定的助攻作用，但绝不会是带来成功的直接因素。作为留学生，网申被拒的很大原因并非个人能力不行，而是等你毕业回国参加社招时，相关行业岗位招聘早已被国内985、211之类的高校毕业生占得先机，并且留学生缺乏相关国内同类行业实习实践经历，所谈所有基本上都是纸上谈兵，也会影响单位的用人决定。再者，一些留学生自我定位和求职预期存在偏差，常出现眼高手低和盲目优越感，总觉得"海龟"镀金回国，起点势必要比一般人高，拒绝从基础性工作做起，也瞧不上排名榜上籍籍无名的新兴企业，从而一拖再拖成"剩生"，而相较而言，单位更需要的是能尽快为公司创造价值的人。所以，在社会进行结构性调整、竞争早已国际化的时代背景下，能否顺利"出圈"、赢得先机，真不是"海归"说了算的。

大学生生涯直通车之钻坚研微的修行路（升学）

每天我们都会在大学校园里看到这样的风景：学生们早早背着书包，拎着早餐，埋头疾行在前往自习室的路上；自习室里，大家奋笔疾书，废寝忘食，沉浸在书山题海之中；压力性脱发、内分泌问题、睡眠不足、暴躁沮丧、自我怀疑……不论好的坏的，都是象牙塔真实的众生态，也是每个求学之人的修行路。

学无止境，学海无涯。学习是每个人终身的功课，学历不是我们所知所学的证明，毕业也不是我们求学的终点。砥砺奋斗可以成就梦想，有的放矢有助事半功倍。同时在做出任何决定之前，都需要经过综合考量、审慎权衡，不应建立在盲目追高追热或鸵鸟心态之上。

一、为什么要升学

对于"为什么要升学"的问题，大多数学生的答复都是"我家人希望我继续深造""受到师兄师姐的影响""我的很多同学也在忙着升学"之类。细品之下可以发现，与其说这些是回答，更不如说是阐述，因为主语都是第三人，而不是"我"。

尤其是受到疫情影响，近几年的高校就业市场受到了严重冲击，就业形势越发严峻，其中最直接的影响就是很大一部分招聘方式由线下改成了线上，不少在秋招持观望心态、想在春招期间大展身手的学生遭遇现实掣肘，加之长时间居家学习生活，与社会严重脱节，求职压力倍增。有自知自觉的，还可能会克服紧张、焦虑，尚未知觉的，或许就任由消极就业、"战"考研、慢就业、不就业等消极心态肆意滋生。同时在校大学生的生涯观也出现了一定波动，其就业意向可能会受家庭、师长、同辈等影响，出现消极规划、实践缓滞、在不明确自身未来生涯去向的前提下，即跟风追热等情况，以考研、观望形势等毕业意向为由，推迟就业的毕业生都有增加趋势，在这种形势下，理性冷静地做好个人生涯规划就变得刻不容缓。

每个人心中都有属于自己人生的一幅蓝图，别人的经验和建议确实可供借鉴，至少可以帮助自己少走弯路、整理思绪，但终究去向何方，最需叩问的还是自己的内心，具体来说，升学需要综合考虑主、客观两方面因素。

从主观方面来说，作为深入专业研究的途径之一，升学深造需要同时具备钻坚研微的能力和坐得住冷板凳的耐力。科学研究不是一蹴而就的，需要不懈地努力，学成名就更不是一朝一夕的，需要漫长地等待，如果"自己就不是做研究的那块料"，那勉强为之就很容易受到挫败。

从客观方面来说，不同行业对于入职门槛和从业要求不尽相同。在客观评价自身条件，综合考量生涯发展方向后，继续对相关行业的现下发展态势和未来发展趋势做好分析研判，如在此基础上确定专业深造经历确为必需，则需尽早准备。

二、"尽早"到底有多早？

"你在大学四年辜负的时光，将在未来四十年辜负你。"高考结束，并不意味着可以缓下奋斗的步伐，反而这才是人生征程的正式开始。可以理解很多学生会抱着"报复性"自我弥补的心态，选择在进入大学前的暑假里把过去十几年因"双耳不闻窗外事"的寒窗苦读所"遗失的美好"给恶补回来，但我们也同样可以看到更多准大学生们的"另类"庆祝方式：比如针对个人兴趣进行自我提升、进行创业体验和实践探索、参加游学项目"抬脚看世界"等，其中也不乏一些自始就以钻研为学为明确的人生理想和生涯规划，短暂调整之后就又开始重新投入自学状态的学生。不管出发点是什么，知行合一、躬身践行是这些学生正确自我定位、理性自律的共同体现。

那么升学从什么时候开学准备？答案一定是——现在。

找准方向，明确目标，接下来自然就是按部就班，有的放矢了。比如如何瞄准靶心，"怎么争取保研""从哪里入手备考""从哪里了解考试范围和参考书目"这些涉及升学规划和落实的问题相对来说指向清晰，可以帮助有这方面发展规划的学生从"仰望星空"转向"脚踏实地"，确定目标不是喊口号了事，脚踏实地才是通向成功的唯一途径。

其次是物尽其用，取长补短，具体来说就是充分利用身边一切可利用资源，畅通信息获取途径。"前人栽树后人乘凉"的道理需在此时被最大程度地发挥："推免"文件、近年招生简章、师长成功案例、备考经验、与导师沟通等，信息尽可能收集完全细致，以便参考，再通过各类官方网站了解相关行业用人需求、近年专业招生要求，结合当前形势预估当年可考范围，制定并随时调整备考计划。建议在前期尽可能预留机动时间处理专业学习和工作，在中后期冲刺阶段安排密集强化练习，同时提前做好面试准备（主要加强简历制作和面试技巧等方面的培训）。

准备的过程必然是艰辛的，结果也可能不是我们期待的，但欣赏到的都是风景，经历过的都是人生，至少我们为青春奋斗过，至此无悔。

大学生生涯直通车之从"心"出发

——成长不只是吹灭生日蛋糕上的蜡烛

近几年，我们一次次地接受着不断升级的战"疫"考验。相较于初次面对疫情时大家的惊慌无助，现在的我们能够更加从容应对，淡定处之，其背后除了国家给我们带来的足够底气，同样重要的是，我们在这个过程中所逐渐平稳成熟了的心态。

心态对于生活，犹如武器之于战场，有了它，或许无法左右结果，但没有它，则必然会连参战的资格都没有。可见，心态决定行动，行动成就未来。

一转眼大学过半，惊喜地看到同学们并没有因为环境问题而放松努力，怠于成长，也欣慰地看到同学们不再以"我还没想好以后干啥"为由继续鸵鸟式生活，你们会主动求助，然后尝试着立足自身做出中短期规划，并有针对性地制订详尽行动方案；会在遇到问题时先做可行性分析并提出解决方案，权衡后仍无法确认时去征求前辈的意见；会在理清轻重缓急的前提下，主动整合利用碎片化时间去做实践准备；会因势而动，随机应变，在外界条件有变时及时调整规划；会不再粉饰逃避成长的心态，一点点学着在仰望星空的同时，努力埋头赶路……

所以，请同学们相信，人的潜力是无穷的。不破不立，不勇于尝试，你就永远不会知道自己会有多强大，不开始行动，你就永远见识不到外面世界的精彩。很多时候，我们以为的"不行"往往只是因为我们"不想"。想，应是实际想，动，应是即刻动。一旦你有决心，全世界都会为你让路！

同学们，你们每个人的点滴成长正一点点改变时代，你们的决心正一点点凝结成为我辈青年勇担时代重任的理想信念。你们所做的每一分努力，踏出的每一个脚步，不仅绘就了你们自己的人生蓝图，实践着亲人期盼，对于我们国家的现在、民族的未来、时代的发展，更是弥足珍贵！

不要轻视"小我"的力量，更不要去自我怀疑，觉得自己就是一介凡人，一个前路尚且未见，何谈宏图大愿的菜鸟而已，哪里会有多大的能力，也不敢有多么强的决心。请牢记，我们的民族，我们的时代是由无数青年的人生集腋成裘，众志成城，勠力前行共同造就的。

（二）公众号"成长"日记

"交心"生涯指导工作室的小剧场

（2019 年 9 月 29 日）

她生性腼腆害羞，但爱以好奇的心看世界；她不善言辞，但喜用温暖的言触心灵。

2015 年的夏天，她一步步进到寝室，以三五成群而非齐聚一堂的形式，与每一个独一无二的灵魂沟通；2017 年的秋季，她的小伙伴们也加入了队伍，协力共赴，见证了第一期"寝室面对面"的诞生；2018 年的春季，她执起笔尖，以手书复简，请鸿雁捎去心声，与每一个懵然又热情的心灵笔谈；2019 年的冬季，她寄出给每一位毕业生的明信片，梳理了四年以来的成长思绪后发现，自己有太多有关生涯成长的话要跟曾经和未来的你们诉说，于是便有了——

一、"交心"生涯指导工作室的"前世"

"交心"生涯指导工作室的前身，是我在 2015 级新生入学前就酝酿并搭建的，旨在走进学生心灵，搭建与学生的情感联结，以情感思政教育为主要工作方式，以"寝室面对面"和"大学三封信"为主要工作内容，针对学生开展生涯规划指导工作的平台。

（一）寝室面对面

在学院领导的指导和支持下，我曾在 2015-2016 年间，历时两个学期，对 15 级学生 64 间寝室进行了两轮全覆盖走访，通过同每一个学生的深入交谈，对其个人情况和实际需求做好了解掌握，形成"一人一册，一人一策"，做好台账记录和动态信息维护，并定期将工作开展进行汇总梳理成工作日志，从工作中反思、在实践中积累，在年底以个人工作年鉴的形式进行汇总。寝室走访工作在 15 级试行初见成效后，在院领导的带领下，于 2017 年正式在学院各年级铺开，并逐步形成"寝室面对面——辅导员工作法"。交流和沟通是做好大学生思想政治教育工作的基础和前提，通过走访寝室，可以促进辅导员的角色定位从单一的教育者向学生朋友身份的转变，工作职能从管理向服务转变，教育方式从居高临下向平等交流转变，育人途径从说教向全方位营造思想教育发展空间转变，推动高校大学生思想教育工作从内容到形式上都能以更加民主和自由的方式落到实处。

（二）大学三封信

"大学三封信"是我给 15 级新生入学后布置的第一项作业，时间跨度为其大学四年：第一封信是写给父母的感恩和写给自己的承诺；第二封是写给"树洞"的匿名信，通过向"树洞"倾诉，为学生提供一个可以毫无顾虑地记录心情、吐露秘密、缓解心理压力的情感归属，和一般人际交往关系中的单向情感倾诉不同，"树洞"的两方连接着学生和老师，并且所有匿名信都会得到辅导员的手写回复；第三封是给学生的毕业寄语明信片，在毕业生离校之前，将辅导员的祝福书写在明信片上，送学生高飞，伴学生远航。虽然明信片设计得很业余，做工不精致，但每张明信片上都是辅导员根据每个学生的特点和姓名，为他们"量身定制"并书写的。

二、"交心"生涯指导工作室的"今生"

身处校园的大学生正处在从学生迈向社会人过渡的关键时期，他们渐渐地离开家庭和学校的庇护，加之受外界环境的影响，难免会在学习、情感、人际交往、生涯等方面感到较大的压力，导致学生们对未来甚至对人生的迷茫无措。随着高校对情感思政工作的逐渐重视和推进，我们发现所谓的"困难"学生，他们往往并没有太大实质性的问题，大多只是因为方向不明确，缺乏努力的动力，才让他们变得消极、茫然、叛逆，甚至是绝望。

在校就业指导中心及学院领导的支持和指导下，"交心"情感工作坊全面升级为全校目前唯一一个院级生涯指导工作室，通过生涯诊所、生涯课堂、生涯信箱等多种途径与学生就学业生涯、职业生涯、大学生活、人生规划等问题进行深入探讨交流。学生可以将自己学业的压力、生活的烦恼、未来的迷茫等问题向工作室倾诉，在一对一指导下完成个人定制化生涯规划，从而井然有序地度过大学生活，自信从容地展开人生。

工作室的建立旨在为大学生搭建一个可以得到及时有效专业生涯规划指导的平台，通过网络载体与线下沟通相结合的方式，引导学生们走好大学乃至人生的每一步，助力全方位、多角度、分层次地开展高校大学生思想教育工作。

三、"交心"生涯指导工作室的"未来"

（一）生涯诊所

生涯诊所主要进行一对一生涯规划定制和指导，学生可以通过公众号或微信，在线上与老师进行一对一沟通，也可以通过公众号预约与老师面对面交流，老师会针对来访学生的实际情况，有针对性地给出专业辅导意见，引导学生找准自身定位，做好生涯规划，明确目标。

（二）生涯信件

生涯信件主要通过线上线下相结合的方式，接收并回复学生对于生涯困惑的来信。线上方式即通过公众号平台进行"树洞"匿名信投稿，工作室老师会及时回复后台留言并视情况做进一步指导，想要笔谈交流的学生也可以直接将信件投递到工作室线下邮箱，署写自己的笔名并留下可以接收回信的方式，工作室老师将于每月第一个工作日对本月收集到的信件进行统一回复，并于当月最后一个工作日之前完成回信。

（三）生涯打卡

生涯打卡主要将学生按照一定标准划分为若干个互助小组，通过在小组间建立交流群，各小组成员分别设立阶段性目标并定时在群内打卡等具体方式，为小组成员搭建信息共享、相互监督、解疑释惑的交流平台，以朋辈引领、团队互促的作用激发学生生涯发展的内驱力。

（四）生涯课堂

生涯课堂主要通过开展具有普适性的生涯理论和实践培训讲座，比如职业规划讲座、职场礼仪讲座、学业规划讲座等，提供生涯规划理论普及，生涯实践能力强化，提高学生的理论素养，为学生实现高质量的生涯发展奠定理论基础。

今天，你我同赴这盛世之筵

（2019 年 10 月 1 日）

　　什么是爱国？爱国，是有容乃大的大国气度，是处变不惊的国人理性，是砥砺前行的执着坚守，是乘风破浪的勇智永志，是知行合一的责任担当，是保家卫国的信念情怀。爱国，是芸芸国人与生俱来的品质本能，是你我青年自强不息的时代使命。爱国，从来不是一句口号。

　　国庆的氛围愈加浓厚，校园主干道上被一面面鲜艳的五星红旗装饰一新，一派热闹且庄严的景象！

　　今天，老师们将炽热的情感融入优美的旋律，用歌声呈现了一场"不忘初心、牢记使命"的视听盛宴，献礼祖国，祝福母校。

　　今天，青年们站在国旗下，齐聚校徽旁，用虔诚的目光追随着五星红旗一起迎接初升的太阳。青年志强，国家之望。在国旗的见证下，我们庄严宣誓，吾辈定当自强不息，乘风破浪，不负先辈所望，不负时代使命。

　　70 年披荆斩棘，70 年风雨兼程，先辈们浴血奋战，方铸就这盛世辉煌！每一个中国人都要有永葆火热的中国心，每一位中国青年都常怀浓烈的家国情，接棒前行，继续创造一个又一个光明未来！

　　值此新中国 70 周年华诞，请青年学子们用心感受，用行证明，用心表白，时刻保持新时代青年良好风貌，为祖国庆生，为盛世献礼！

交心我来说｜且以青春报祖国

（2019 年 11 月 3 日）

　　"70 年披荆斩棘，70 年风雨兼程。" 70 年，人类历史长河中的短短一瞬，中华五千年历史的弹指一挥间，却对中国的社会发展产生了深刻影响。70 年前，我们在凄风血雨中奋战挣扎，70 年后，我们傲然屹立于世界民族之林！这，就是中国奇迹！

　　我的祖国，曾饱经风霜，从五千年的洪荒中走来。无论是万国来朝还是备受欺凌，你始终没有倒下。1840 年，一声炮响打破了你的生活；1842 年，一道红线把你与自己的孩子分割开来；1898 年，列强踏上你的土地，肆意开设工厂；1901 年，人民的反抗被镇压……帝国主义如狼似虎地掀起瓜分着你的土地，"东亚病夫"的帽子、"华人与狗，不准入内"的招牌，不仅深深刺痛了国人的自尊心，更伤害了五千年积累的民族自信。你奄奄一息，灵魂和肉体饱受摧残，但你仍未放弃，你不停尝试、不懈抗争，始终怀揣希望寻找新的出路。

　　终于，在嘉兴南湖的一条游船上，你看到了希望的曙光。共产党人在国难当头之际，义无反顾地扛起了挽救民族危亡的重担，带领中国人民浴血奋战，终于推翻了"三座大山"，结束了中国半殖民地半封建社会的命运，建立起独立自主的新中国。新中国成立，虽举国欢庆，可摆在中国共产党面前的，是一个千疮百孔的烂摊子。但他们没有退缩，努力冲破思想桎梏，实行改革开放，实事求是，大步向前，开创了一片又一片新的天地：三峡工程、青藏铁路、南水北调、港珠澳大桥，我们前进的脚步从未停止；世界第二大经济体、移动支付、"一带一路"建设、中非合作论坛、精准扶贫，我们永远在行动。

　　如今，中国特色社会主义建设进入新时代，经济总量迈上新台阶，基层民主自治不断完善，中华优秀传统文化"走出去"步伐加快，祖国蓬勃发展，人民安居乐业。

　　然而，在政治多极化、经济全球化、信息多元化迅猛发展的当下，我们不能洋洋自得，满足于现状，祖国未来的发展，依然面临诸多挑战：人口老龄化、全球贸易战、气候危机……未来还有太多太多的难题需要攻克，而担负起这些责任的主体，必将是我们青年人。习近平总书记曾说过，青年是整个社会力量中最积极、最有生气的力量，国家的希望在青年，民族的未来在青年。

2019 年是新中国成立 70 周年，也是我校迁汉办学 70 周年，我们与祖国同在，和时代同行，将个人的理想志愿同国家的前途、民族的命运紧密相连，努力学习，积极投身于中国特色社会主义伟大实践，中南大学子义不容辞。

奋进正当时，且以青春报祖国。

这里有一份从奋斗到幸福的进阶指南，请查收

（2019 年 12 月 9 日）

不知大家有没有看到过清晨六点钟的菜市场：寒风萧瑟的冬日里，穿堂风吹得人脊背发冷，然而市场里面却是一片热火朝天的景象，摊主们早已开工，忙着卸货、清理，将当天新鲜的蔬果肉蛋码放整齐，在他们的脸上我们不仅看不到厌倦，偶尔聊上几句，还会感到他们憧憬生活的热情。这是一群为着生活奋斗努力的人们，用自己的双手实践今朝、成就明日的人们。他们辛苦吗？辛苦！他们幸福吗？我想是的！

"奋斗本身就是一种幸福。只有奋斗的人生才称得上幸福的人生。"

什么是人生的真正幸福

追求什么样的幸福

通过什么样的方式实现幸福

是大学生应该认真思考的人生课题

一、奋斗，相对来说更讲求客观性

（一）适应历史发展规律

要想通过奋斗实现人生价值就要从把握社会客观条件出发，人的价值是在生活实践中逐渐实现的，人的创造力的形成、发展和发挥都要依赖于一定的社会客观条件。成也萧何败也萧何，在历史的洪流中，那些有识有志有能之士之所以未能实现自己的人生价值追求，或许正是因为缺乏一定的历史客观条件。在如今的太平盛世中，我国经济社会的发展日趋完善，我们要珍惜这难得的历史机遇，把我们的人生追求建立在正确把握当今中国社会发展的实际上，努力实现自己的人生价值。

近两年有一档记录普通老百姓记忆中味道的短片《早餐中国》非常火爆，这部"有味道"的纪录片走街串巷、闻香识味，用朴实的影像和家乡的口味，

记录着普通老百姓的人间烟火。每集一道传统的早餐、一家有趣的小店、一群忘我的食客、一部属于老板的"早餐哲学"和"奋斗人生"。在一个个质朴平凡的故事里，我们看到了一群有着平凡梦想并为此执着打拼的人，他们日出而作日落而息，你吃的是"早餐"，他们做的却是"梦想"。正因为有了他们，才让每一座城市有了晨光熹微的光芒。一碗早餐，既让我们一天的生活充满了仪式感，也让异乡人心尖上的那股诗意乡愁得到了释放。

（二）发挥自身优势条件

要想通过奋斗实现人生价值要从客观认识个体自身条件出发。大学生在成长成才过程中遇到的很多困难，或多或少都是因为受到自身社会经验不足、知识储备不充分等因素的影响，因此，我们要充分发挥自身优势条件，努力积累社会实践，完善知识结构，坚持实事求是，有条件要上，没有条件创造条件也要上！

比如从保安到博士，所谓"小人物的逆袭"的李明勇并不认为自己是励志网红，他把自己定义为追梦人，因为他的自信、自律和不怕输，才让他成就了今天的自己。从保安到高校老师，他并不是励志传奇，只是一个充分发挥自身坚韧不拔优良品格，一点点接近梦想的普通人。

总有那么一些人，他们或许起点低，没有优渥的家庭条件，没有舒适的学习环境，但是不顺遂不但没能消减他们向上的热情，反而鞭策着自己不断超越自我。每个人都有自己的了不起，在我们看不见的地方，他们在以自己的方式努力前行。

二、幸福，相对来说更具主观性

幸福和成功一样，都是相对的概念，没有完美的幸福，也没有绝对的成功，不同的人对此都有不同的标准。但是不管标准如何，目的地在哪，都要通过不断奋斗才能实现自己想要的人生。

《海洋奇缘》甚至是很多成年人都非常喜欢的一部动画：在主人公莫阿娜乘风破浪一路打怪，最终见到了因被偷走了特菲提之心而变身恶魔恶卡的女神时，她用一句话唤醒了女神"You decide who you are, you know who you are（你决定你是谁吗，你认识你自己）"。是的，我们想要拥有什么样的生活状态，想要拥有怎样的事业，想要实现怎样的人生价值，没人有权去左右，全只在于我们对自己内心的叩问。

职业无贵贱，更不能成为界定成功的标准，每个能够凭着自身努力过上自己想要人生的人，都是成功的。在实现人生理想的过程中，我们可能被同情、怜悯，说我们时运不济；也有可能被说脾气暴戾、自命清高，说我们能力不济。要知道，我们每个人都是凡夫俗子，无论是怎样的人，我们一切的落脚点都是凭借一己之力证明自身，实现人生，回首往事时无愧于人，更无愧于己，全力以赴之后，一生的喜怒哀乐，随遇而安就好。

如果你们觉得所谓"网红"的经历终究不是身边的例子，不甚可信的话，那么再给大家讲一个你们的嫡系师兄的故事：这个孩子的成长背景可谓艰辛，但他自入学以来给我的第一印象就是有礼貌和善良，他话不多，却心思清明，眼里非常有活，为了帮助家庭减轻生活负担，他在课余时间兼了几份职。在工作期间，从来都不需要任何人说什么，每次上班都会默默无闻地先做好该做的事情。一路艰辛，并没有让他失去微笑，相反的，这个师兄还担任了不少学生组织的要职，兢兢业业无怨无悔，再难搞的同学也不会忍心去"欺负"这样的一个实在人，所以他的团队一直都很融洽和谐。在大二的时候，他就定下了自己的职业目标，并一直朝着既定目标努力做实践积累和考试准备。备考的过程大家都深有体会，那是寂寞而又辛苦的一个人的旅程，没有人能够帮助你，一切都只能靠自己的拼搏和牺牲。他有梦想，而且是很实际的梦想，他能审时度势，不高估形势，也不低估自身，经过了艰苦的自我修行，如今的他已经如愿以偿，继续用他的热情和善良，在工作岗位上服务着更多有需要的人。

　　永远不要小看奋斗的力量
　　它不仅能给你指明方向
　　也能令你的人生豁然开朗
　　只有经历过奋斗的人生
　　才能让我们在回顾往日时不会遗憾曾蹉跎时光
　　从现在起
　　让你我看到奋斗中的青春该有的模样

被逼着成长——需要么？不需要么？

（2019 年 10 月 27 日）

进入大学就意味着同学们的半只脚已经踏向社会，在家的你可以还是"宝宝"，但在外的你就是你自己，不再是跟在师长身后亦步亦趋的孩子，不管你们接不接受，你们都不能回避自己已经成长为成年人的事实。

相信离开父母照顾的你们现在一定渴望自由的空气，但请在追逐自由时始终保持清醒的认知，世界上没有绝对的民主，也没有绝对的自由，生活中的一切规则都有着自己的框架和界限，有多大的权利，就要承担多大的责任，Rules are rules（规矩就是规矩），这就是成年人的世界，请大家为自己负责，为成年人正名。

"有人说青春是肆意、是奋斗、是无悔，如果要您给青春下一个定义，您认为是什么？"青春是多姿多彩的，行走在青春之路上，我们可能会因为障碍而退缩、因为跌倒而沮丧、因为收获而狂喜、因为错过而遗憾……无论境遇如何糟糕，都是我们成长的一部分，所以青春之于我来说是一个动词，它的名字叫"成长"。

成长是一个正视自己、打磨自己、成就自己的过程，成长的道路从来都不是一帆风顺的。因为畏难，因为害怕未知，害怕失败，更害怕自己都不知道自己该何去何从的迷茫，很多人给自己找各种冠冕堂皇的理由，把头埋在沙子里逃避现实，不愿意面对未来。可是，没有面对糟糕的自己的勇气，就不会有破茧成蝶的蜕变，总是蜗居在自己幻想中的乌托邦，即便外面有如何多姿的精彩，你们都无从体会，所以，不逼自己一把，怎么知道自己不可以？所以，现在开始，正视自己，瞄准未来。或许我们会被现实重重击倒，没力气站起来。如果是这样，那就先缓一缓，即便是每天只走一小步，日积月累下来，我们总会走出一条属于自己的道路。

对过去无所恋

对当下无所愧

对未来无所畏

那么现在再问你，被逼着成长

需要吗？不需要吗？

延迟开学，不等于延迟时间管理

（2020 年 1 月 28 日）

　　鼠年的春节是不平凡的。在这段时间，我们被逆行者们坚强笃定的背影感动，被与病毒抗争的人们触动，与病毒攻坚战的全国民众联动，为源源不断输入的抗疫钱物激动……但对于大多数我们来说，除了照顾好自己和家人、正确客观处理信息、合理纾解不良情绪之外，唯一能做的应该就是配合做好居家隔离了。但当大家"如愿以偿"地过上了"躺着也能为国家做贡献"的日子，却发觉电视好像也没那么好看，手机也没那么好玩，躺着也不是那么轻松。在卧室、客厅、饭厅、厨房、卫生间无数次游走后，空虚寂寞的情绪便席卷而来，痛定思痛下意识到不能将青春虚耗下去，于是理清头绪，在这里跟大家探讨一下"时间管理"。

一、Why——为什么要进行时间管理

　　为什么？因为世上没有后悔药。

　　生命的有限性和时间的不可逆性没有给我们任何肆意浪费的余地，要么是努力过便不去后悔，要么是经历了便不能后悔，所以把自己的每天过得有意义，是我们需要穷尽一生实践的课题，而这里的"意义"并无标准，就跟幸福和成功一样，这是一个仁者见仁的概念，哪怕你什么都不做地躺在那里，只要你躺着休息好了，那这段时间也不算虚度，更不用说在生活中有那么多"我还不是想，但我没有时间"去做的事。

二、What——什么是时间管理法则

　　我们可以很轻易从网络上获取有关时间管理的四象限法则、动力小时法则、安因素法则、集零为整等法则的内涵和要领，其中，最基础也被最广泛应用的四象限法则，其运用方式是把要做的事情按照紧急、不紧急、重要、不重要的排列组合分成四个象限，这样划定有利于我们总结过去、厘清眼前和计划将来，

也能帮助我们按照一定规则对具体事务进行有效管理。

对于很多大学生来说，可以较为容易地确定重要又紧急和不重要不紧急的事务，难就难在如何区分并合理安排重要不紧急和紧急不重要的事务，比如联机排位打游戏作为典型第三或第四象限的事务，很容易被学生本末倒置地误置于第二象限，在紧张工作学习之余，游戏的确可以作为发泄纾解的工具，但一定要节制适度。又比如假期实践和专业实习项目（包括日常练笔），看似有较为充裕的时间供大家做选题、调研、分析和总结撰写，不甚紧急，但成果不仅是对理论学习的实践，也是对个人能力的锻炼，更是对未来生涯的积累，所以这类事务具有典型的"重要但不紧急"的第二象限特点，非常值得大家花较多的时间和精力去认真对待。

三、How——如何进行时间管理

通过举例做如下探讨：

第一步，设定目标，找到行动的方向，比如成为媒体人（以下说明建立在此设定基础上）。第二步，制订计划，比如通读熟悉相关专业培养方案，结合自身特长兴趣、职业发展要求确定选修课程，有意识地做项目实践、做观察笔记和素材整理，在空余时间找媒体实习生机会，做好身份转换实践和职场初体验等。第三步，减少焦虑。你所惧怕的、焦虑的、不自信的，每个人都有，重点只在于你自己愿不愿走出心理桎梏。第四步，制定事务清单，提高时间效能，把时间当成生命。可以利用生涯手册制定日计划、周计划、月计划、年计划，集腋成裘，水到渠成。第五步，别把时间浪费在纠结上，克服"拖延症"，人生有限，拖延有害，心神不定不如立即行动。第六步，梳理适合自己的励志小贴士，比如用行动代替抱怨和犹豫。生活中没有不劳而获、天上掉馅饼的好事，全力以赴，不留后患，争取第一次就把事做好；用心专注，一次只做好一件事；避免教条，灵活应对，当有更重要的事情时，及时调整日程，善用备忘录或携带纸笔，随时记下闪现的灵感和点子……

最后，只要你想，任何小目标都有意义。

战"疫"攻关不松懈，新学期规划正当时

——辅导员和你云共话

（2020 年 2 月 8 日）

2020 年的春天，我们未能如期回归校园，但是，春意萌动，万物生长，这是一个充满盎然生机与希望的季节，纵使被疫情困于家中，我们也不应停下在求学和成长路上前进的步伐。古人云，凡事预则立，不预则废，不论做什么事情，有准备才可能有所成就，不然待尘埃落定后再幡然悔悟则为之晚矣，因此，战"疫"攻关不松懈，新学期规划正当时。

一、关于"开学"

第一，推迟开学不等于"停学"，延迟开学不等于延迟自我管理。所以同学们须认真对待学业，按老师要求和课业目标自觉跟上学习进度；第二，养成良好作息习惯，保持良好生活作风；第三，合理运用手机电脑等科技产品，不沉迷游戏，合理控制游戏时间；第四，总结上学期学习成果，熟读全程培养方案，明确新学期学习任务；第五，加强安全防护意识，重视疫情隔离防治，配合疫情防控工作。

二、关于"规划"

关于制定学习计划，这里跟大家分享一些小建议：第一，可将计划分为全学期学习的总的目的、要求、时间安排，分科学习的目的、要求与时间安排，以及系统自学的目的、要求与时间安排；第二，合理分配学习时间，有根据地安排自学，跟上老师教学进度安排；第三，不要仅局限于课本内容，有条件涉猎专业相关书籍，参加课外活动；第四，从实际出发，月计划周计划可以灵活根据实际情况制定。

三、关于"自习"

学习无止境，自律是要点：第一，线上学习。当前线上学习已经成为大学生居家隔离期间保持教学进度的主要途径之一。大家可以多利用学习强国、慕课网、网易公开课、爱课程、学堂在线等在线学习平台搜索有用的课程做好学习。同时，为了更好应对疫情，例如中国知网、超星、万方等文献数据库均有免费开放，许多大学也有很多公共的文献资源可以利用，同学们可以综合利用这些资源促进专业学习与研究。第二，主动与老师、学长学姐保持交流沟通。常言道"听君一席话，胜读十年书"，在居家学习期间，在规划学习内容时，同学们可以多听取教师、学长学姐的建议，通过他们获得学习资源与途径，如果在具体学习的过程中遇到一些困扰，也可以及时聆听他们的指导与建议。第三，多浏览专业相关书籍，跟上老师教学进度，可从网上查找教科书进行自学。

其实，成功的路上并不拥挤，新的学期意味着新的开始，过去的已经过去，怎么以新的姿态拥抱未来才是当下需要我们考虑的事情。

"辅""生"相依，这一场有温度的战"疫"

（2020 年 2 月 16 日）

2020 年注定不平凡。

今年，我们被逆行者们坚强笃定的背影感动、被与病毒抗争的人们触动、被配合病毒攻坚战的全国民众联动、被源源不断输入的抗疫钱物激动。

今年，有人离家奔赴抗疫一线、有人接受集中封闭治疗、有人自我居家隔离在家，不管所处何地，大家都在为攻克疫情贡献自己的一份力。

作为普通民众，我们在祖国的守护下，翘首以待春回大地；作为新时代青年，我们在各自的远方坚守信念，不懈时代担当；作为一线辅导员，我们唯愿重聚黄鹤楼下时，你我都好！

"没有被禁锢的城，只有不离开的爱"。我们不知道意外和明天哪个先来，但始终相信，没有一个冬天不能逾越，没有一个春天不会到来，病毒终将被战胜，一切皆会安好，静待彼时花开。所以我们才更应该把握当下，做好自己该做的，付出自己该付出的努力。越是逆境越能看到人心，越是逆境越能触碰人性，美好一直存在，光明总能如期而来，我们携起手来，众志成城，我们相依，这是一场有温度的战"疫"。

一、惊闻

当"新型冠状病毒呈现人传人态势"的新闻在朋友圈扩散开来，人们才逐渐由漫不经心转为严阵以待。那段时间无论线上线下都弥漫着惊慌、怀疑、低迷的紧张气氛，被突如其来的疫情隔离在家中的人们，努力保持正常的工作节奏，将工作重点从线下转向线上。那时恰逢寒假，我深知我们的城市、我们的家将要迎来一次生死攸关的严峻考验，疫情就是命令！面对疫情暴发前线的武汉，作为一线辅导员，肩负的使命要求我们必须尽快整理好心情，除了关注学生们的在途安全之外，便是时刻关注疫情形势，思考自己能为我们正在病中担惊受怕的城市，为我初入社会的学生们做些什么。

二、集结

随着疫情的迅速扩散，各类谣言四处传播，给本就紧张无助的人们带来一次又一次的伤害，但那些总是少数，阴霾也终究会消散！

可记得递上"请愿书"逆行而上的医护人员，他们中有人母亲去世却只能遥寄哀思、幼子待哺却只能求乳育儿，一句"穿上这身衣服我就必须履行我的职责"铿锵有力、掷地有声，自制简易防护服也要坚守一线的最美背影；可记得一方有难八方支援的兄弟城市，怎样用行动表达着血浓于水的骨肉亲情的中国力量；可记得一声令下便拔地而起的雷神山、火神山医院，彰显着怎样的中国速度；可记得放弃休息，不顾个人安危奋战在战役第一线的基层工作者们，用行动践行着怎样的中国梦；可记得危难之时仍万众一心，齐心共守的你我，有着怎样家国情怀……在祖国强有力的支持下，全国上下联动，学校也迅速整合各项官方信息和资源，及时反应，有序集结，安师生心，体师生情。

我们的队伍也第一时间线上集结，进入战"疫"状态：在号召不信谣、不传谣的同时，把握官方信息动态，关注学生身心状态，与学生尤其是"重灾区"学生保持沟通，调动学生干部力量，组织全体学生配合院校进行各类信息采集和登记，报平安、守规则、聚众力、保安康。

作为"交心生涯指导工作室"的主持人，这里也自然地成了我的团队同志们共同战"疫"的堡垒、输出正能量的管道、师生联动的平台。在这里，我们期望以平静的笔触安抚身边人，鼓励学生说出内心想法，纾解心绪；在这里，我们虽被隔离在空间两端，却努力用行动联结起爱的"云端"；在这里，我们以加油短片的方式，发挥自媒体的力量，同守信念，共抒心声……

三、我在

自从防疫攻坚战打响以来，城里城外严阵以待，学生就像我的孩子一样，始终是我每天"一个都不能少"的牵挂：通过每日线上平安日报、发布各类疫情提示、引导学生在家自学、推出战"疫"云家访、瑜伽健身云打卡等形式发动学生一起行动起来，健康身心，保持良好战斗状态。在"战疫云家访"中，我坚持每天与学生线上视频，实时掌握大家在家隔离状况，关注每一个家庭的平安健康；用朋友圈与师生、家长一起做线上瑜伽，以健身云打卡的方式，缓解大家自行隔离在家的焦虑情绪，用别样的方式在战"疫"中带动大家怡性健体；加大公众号推文频率和宣传力度，撰写《想不想放假回家不被嫌弃?》《专治"假期综合征"》系列推文、《李子柒家里的中国风，我们都有》《延迟开学不等于延迟时间管理》《那些没有打倒我们的，终将使我们更强大》《战疫攻关不松懈，新学期规划正当时——辅导员与你云共话》等推文，为学生提供在家战"疫"的正确打开方式和线上自我提升途径；在"致敬所有逆行"加油短片中，学生们表达了心中对武汉的牵挂，他们将祝福献给武汉，献给祖国，传达出"众志成城，防疫有我"的坚定心声……

疫情之下，我们以新时代青年的名义，用实际行动向祖国保证：防控疫情，共渡难关，我们永远在一起!

高考当前再谈备考

（2020 年 7 月 8 日）

今年的高考格外有意义。

因为疫情原因，高考生们经历了战备般的备考期，全国人民的视线都集中在了这些刚解除疫情就背上书包返校冲刺的青年身上。好容易盼来的最后一战，又在暴雨的突袭下困难重重。

作为过来人，在为这些年轻人祈祷祝福的同时，很多的感同身受和铭心记忆也如潮水一般汹涌而来。

经历过高考的人想必都曾自我调侃过，三年的历练让自己蜕了几层皮不说，恨不得把这辈子的试都给考完了。生命不止，考试不歇，但凡我们需要用一种方式去证明自己的知识储备、技能水平或政绩情况，都离不开"考"，也躲不过"试"。《考功名篇》说"考试之法，大者缓，小者急；贵者舒，而贱者促。诸侯月试其国，州伯时试其部，四试而一考。天子岁试天下，三试而一考。前后三考而黜陟，命之曰计。"由此可见，考试是测度优劣、考查所学的重要途径，既然躲不过，就请积极总结冲关经验，以便日后从容迎战。

一、用"辛"备考

力学如力耕，勤惰尔自知。但使书种多，会有岁稔时。

"千淘万漉虽辛苦，吹尽狂沙始到金。"面对考试，"辛"这一字必然首当其冲。不劳而获这种事，做梦想想也就罢了。自建立考试制度开始，十年寒窗便伴随着所有读书人，三百六十行，任何一行都需要通过经年磨炼方才立足扬名。

厚积的过程不易，需要跟寂寞冷清相伴，淡泊清苦相随。委屈、不服、失望、放弃等消极情绪时常抑于胸怀，吐之不得，但一旦薄发，新局被打开，新篇被书写，个中滋味便胜过清苦万千！所以，为了能看得到自我证明的这一刻，我们不仅要坐得住冷板凳，还要把冷板凳坐热！

二、用"信"备考

这里的"信"既是"信念"，也是"诚信"。"信"之一字，知易行难，考验的不仅是耐心，更是良心。

"过程全力以赴，结果平常看待。"曾看到过一幅漫画：一人埋头掘井，目标就在铲下的时候却因坚持不住而停下。生活中，有太多时候我们出发时意气风发，途遇荆棘丛生，前程漫漫，然后一些人行至半路看无可自证，就裹足不前，甚至自我怀疑，此时我们要相信自己可以坚持到最后，也要理性看待，清楚无须用结果去证明自我，唯有倾力方能无愧。

"自负者人必负之，只是时间早晚而已。"可能过程过多坎坷，便有人想要寻求"捷径"，然而"捷径"之路并不好走，稍稍行差踏错，可能辜负的就不仅是自己的初心，更是未来的前程。凡事莫存侥幸心理，总觉得小概率的不良后果不会就降临到自己头上，更有摸石过河者，一旦尝到"甜头"，便在"捷径"的路上越走越远。

三、用"芯"备考

时间精力不够，软件芯科来凑。

从前车马慢，只能用笔明志。随着科技迅猛发展，现在手边很多技术资源可为我们提供便利，用以提高学习工作效率，提升生活品质。比如印象笔记、One Note备忘、专注笔记、为知笔记、Xmind思维导图、迅飞听见、迅捷文字语音转换器、泛微日程管理、腾讯文档等都是我们可以借鉴使用的。

疫情防控期间在家网上办公、上课的人们，对于现代化科技和网络运用的体会可谓深之又深。虽然网课体验感还受很多因素的掣肘，但这样的大趋势已经不可避免。作为课堂教学的有效补充途径，线上教学可以为学生提供课后还能复看教学视频材料的便利，同时也能克服空间限制，实现同学们"随时学、随地学、随心学"的学习需求。科技给考试带来的便利也是显而易见，学生的一言一行均在摄像头下，既可自律，也可他律。所以，熟练掌握"芯"技术，是必须，也是必需。

四、用"心"备考

贡艺既精苦，用心必公平。

用心一事，自不必多说。

希望大家时常明志，不怠于行，那就没有过不了的考试，至少可以通过良心这关。

不做"垮掉的一代"

——从养成"以小见大"的生活态度开始

（2020 年 10 月 18 日）

一、细节决定成败

中国是讲"礼"的礼仪之邦。"以礼相待""知书达理""恭而有礼""礼多人不怪"是中国人普遍的处世哲理和生活态度。大学是社会的缩影，作为未来社会责任的承担者，大学生必须充分把握机会，在这里锻炼成长，完成身份的转变，才有可能在初涉社会即踏上正途，少走弯路。处于社会金字塔尖的终究是少数，塔基中的大多数每天都在为各自的人生奋斗着。平凡的人生或许没有惊天动地的成就，但踏实走好每一步，做好每一项细节工作，仍旧可以从各自的角色中突围。

举个例子：小 A 和小 B 同为职场新人，他们的能力资历不相上下，领导交办两人同一事务，小 A 例行公事完成，大错没有，小错不断，整个完成过程无功亦无过；小 B 小到标点标题，大到统筹分工，字斟句酌，事无巨细，进度虽然慢却谨慎细致。两人同归但殊途，不难想象日后两者谁会走得更好更稳。

"细节决定成败"此言确实不虚。

二、细节决定格局

曾经有人把现代的年轻人描述为"垮掉的一代"，此言的确言过其实。每一代的青年都有自己的鲜明个性和独特优势，比如现在高校里的"00后"，他们自出生就始终站在信息时代的最前端，有着独立的人格和对生活的独特见解，竞争力强，综合素质高。但同时这一代的问题也很明显，比如"不拘小节"。所以，凡事都需要辩证地看待：在对待原则性问题上，可以抓大放小，豁达包容，这时的"不拘小节"体现的是格局；在对待生活小事上，就需要分清场合，谨言慎行，这时的"注重细节"体现的是处世之道。

这里也举个例子：网络时代信息获取渠道多元便捷，键盘背后的我们在享受着网上冲浪带来的便利同时，还应承担更重的社会责任。网络不是法外之地，在他律相对薄弱的情况下，还能否做到自律自觉，就直接体现出一个人的品行和格局了。"看图说话"、以讹传讹、带节奏博眼球……"网络红人／热搜／流量"的诞生仿佛就是动动手指那么容易的事儿，此时，每个网民都有责任和义务共同维护风清气正、清朗健康的网络环境，在面对碎片化信息时需要理性对待，更需要理性传播，时刻谨言慎行，牢记青年担当。

可见，如何以小言行彰显大格局，始终是当代青年处世为人的重要课题。

"庆百年，学四史，看两会，共成长"依玖青年在路上

（2021 年 3 月 19 日）

一、高质量育人，全方面发展

《觉醒时代》是一部拍给新时代青年看的新中国史。在这部剧中，我们看到了一个个有血有肉英雄形象，真实感人的革命历史，滚烫燃烧的青年热血。有网友评价"没有枯燥乏味的说教，没有简单粗暴的灌输，不回避曾经走过的弯路、不掩饰曾经遭遇的困难。"在这里，观众更加真切地感受到了那个时代的青年们"为天地立心、为生民立命"的矢志情怀和敢为人先的革命品格。

以史方能明志，以史可以为师，以史能够为鉴。

对青年一辈来说，重新了解百年历史，重新思考国家与个人的关系，是新时代青年实现自我价值、担负时代责任的良好开端。

历史离我们从来不远，它就站在昨天，为我们的明天指路！

诚然，在前进的道路上，我们也会不时听到一些不同的声音，对此我们从不拒绝也不会回避。正视问题，时常三省吾身是进步的必需、发展的必要。但是不能否认，中国共产党领导下的中国，一路都是朝着越来越好的方向发展迈进，我们之所以能一次又一次地创造奇迹，见证如今的辉煌，就是共产党人"以史为鉴，更好前进"最好的诠释和证明。

国家不能没有历史，民族不能没有记忆。通过对四史的学习（党史、新中国史、改革开放史、社会主义发展史），通过对革命先烈们的追思缅怀，我们才能切身体会到当今幸福生活的来之不易，才能更加努力地提高认知，提升自我，做到在复杂形势下不迷航的清醒，在艰巨斗争中不退缩的勇气，始终怀揣初心，砥砺前行。我们在校大学生需要明确肩上担负的责任使命，长存爱国情怀，积极开展专业实践，借助朋辈榜样的引领力量，激发同学们坚定的爱国信念。

二、凝聚复兴伟力，齐心再创辉煌

在"两个一百年"奋斗目标历史交汇点上召开的全国两会，是意义非凡的两会，它承载着全国人民的期盼，也聚焦着广大青年的目光。

新时代青年作为党和国家建设的主力军，担负着民族的希望、国家的未来。作为青年来说，努力增强自身综合实力，提升核心竞争力，是国家在未来立于世界之林而不败的关键。从时间维度看，青年一代的理想信念、精神状态、综合素质，关乎党和国家事业是否能够薪火相传、后继有人。从社会维度看，在全面建设社会主义现代化国家，向第二个百年奋斗目标进军的路上，青年们既是见证者、参与者，也是奋斗的生力军、主体力量。所以，青年能够始终保持清醒，怀揣为民族伟大复兴而奋斗的理想信念，明确自己所肩负的历史使命和时代责任，是一切行动的基础，是不行差踏错的重要保证。国家的日益强大，时代的前进发展，给青年的成长成才创造了良好的物质条件，同时也给青年们提出了更高的要求，带来了更大的挑战。青年的成长发展，离不开理想信念的支撑和引导，而正确的理想信念又须建立在对历史客观规律的正确认识和对我国基本国情的准确把握上，这是智者之识，更是能者之力。

2020 年，这场突如其来的灾难虽隔离了生死，却进一步增进了青年和祖国之间的情感。无论身在世界的哪个角落，每一个国人都是祖国的牵挂，"不会放弃每个生命"是在无情的疫情中，祖国给予国人最真切的温暖和最有分量的承诺。这份爱是润物无声的，是落到实处的，是从细节点滴中一点点积累的。纵观全球，尤其是在鲜活生命成了标记死亡的一串串冰冷数字的危难时刻，我泱泱大国的大义大爱更显无私崇高。

我党始终把实现人民对美好生活的向往当作前行的初心和信念，带领着人民缔造着一段又一段辉煌。在迎来中国共产党成立 100 周年的重要时刻，我国脱贫攻坚战取得全面胜利，创造了又一个彪炳史册的奇迹。习近平总书记在全国脱贫攻坚总结表彰大会上讲话指出："脱贫摘帽不是终点，而是新生活、新奋斗的起点。"这充分彰显出中国共产党作为百年大党久久为功、持续奋斗，带领人民群众实现幸福美好生活的崇高追求，极大激发了亿万人民接续奋斗的士气和干劲。"扶贫开发贵在精准，重在精准，成败之举在于精准。""关键是要找准路子、构建好的体制机制，在精准施策上出实招、在精准推进上下实功、在精准落地上见实效。"长期困扰我国贫困地区群众的出行难、用电难、上学难、看病难、住房难，通信难等基本公共管理方面"老大难"问题得到日益完善；产业扶贫、电商扶贫、旅游扶贫等快速发展，贫困地区特色产业不断壮大，经济发展后劲显著提升；生态扶贫、易地扶贫搬迁、退耕还林还草等，贫困地区生态环境明显改善……分类施策，有效衔接，共产党带领全国上下将扶贫初心落到实处，创造了我国历史上最好的减贫扶贫脱贫成绩，中华民族千百年来的绝对贫困问题有望得到历史性解决，也为解决贫困治理等一系列世界难题提供了中国方案。

过去一年，在世界经济和全球贸易遭受新冠病毒严重冲击的特殊时代背景下，中国的贸易总额依然还能逆势增长，成为拉动世界经济复苏的重要引擎，除了国人共克时艰、齐心奋进的不懈努力之外，其根本原因就在于在中国共产党的领导下，中国始终致力于推动共建人类命运共同体，深度融入世界经济体系，提供"中国机遇"，分享"中国答卷"的伟大壮举。

"要始终不忘我们是人民的公仆"这样的话绝不是空洞的口号，而是疫情防控期间防护服下的一张张面孔，脱贫攻坚道路上一个个坚定扎实的脚印，是一声令下便拔地而起的方舱医院，是大爱无疆舍小家成就国家建设的可爱人们……我们国家的老百姓为什么这么真心拥护政府，青年人的爱国热情为什么这么高涨？就是因为大家切身感受到了我们的党和国家是真心在为老百姓做事的。

有信念便有目标，有目标就能创造奇迹，而我们的信念就来源于我们坚信中国共产党将永守初心，践行使命，为人民之福祉，为社会之安定，为国家之发展。

二、恒玖"初心"
——本科毕业生工作寄语

"玖"字自古以来就被赋予了独特而美丽的内涵。

"玖，石之次玉，黑色"，像玉一样的黑色美石谓之"玖"，文人多在九月挥毫泼墨，百姓也在九月忙碌于田间，九月既是丰收的季节也是饱含诗意的时节。

所以，我想把"恒玖"两个字送给我们2019届的毕业生们，既是长久的铭记，也是长久的感念，希望你们记得九月来时的路，也能够在这个九月抱持着初心继续砥砺前行。

四年前，你们怀揣梦想，饱含激情，带着家人的殷殷嘱托，开启了全新的人生旅途。

四年里，你们曾在希贤岭俯瞰校园，曾在图书馆、文波、文泰复习备考，曾探索过西苑南苑小吃街的美食，曾在环湖中区体育场挥洒汗水，曾在校园里聆听着广播里传来的"中南财经政法大学广播台"……几乎学校的每个角落都留有你们的脚印，所有弥足珍贵的回忆里都有你们的身影。

都说大学是个"整容院"，从进校到出校每个人都会有或多或少的改变，而我在你们身上更多看到的是无限可能。一点一滴的，你们学会了如何把生活安排得井井有条，学会了如何和人沟通相处，学会了如何在舞台上更完美地呈现自己，学会了如何让大学生活更充实有意义。感谢你们让我见证了彼此间亲密的情谊，见证了大家在困难面前的坚强，见证了你们从青涩走向成熟。

记得陈虹在《不要因为走得太远而忘记为什么出发》中说道："生命需要保持一种激情，激情能让别人感到你是不可阻挡的时候，就会为你的成功让路！一个人内心不可屈服的气质是可以感动人的，并能够改变很多东西。"你们即将

　　走出校园步入社会，也许你们会有些不适应，会遇到更大的风浪，会产生退缩的想法，但无论如何请不要失去自己最宝贵的财富，那就是独特和激情，保持独特才能不迷失方向，拥有激情才能持之以恒。

　　希望大家未来能在社会上守望良知，坚守底线；在生活中内诚于心，外信于人；在工作上一丝不苟，持之以恒；在学习中求知若渴，业精于勤。希望每一个你都是自信而坚定的。

　　不论你们未来将去哪里，请时刻自省：我想成为什么样的人？如果你对此有自己的答案，请义无反顾地前行，因为未来很美，值得你们为之不懈奋斗。如果你还没有清晰的答案，也请不要停下摸索前行的脚步，只有这样，你才能成就更加耀眼的自己。

　　离情愁苦是因为相聚欢乐，假如重逢时会有加倍的欢乐，那么，今天的离愁别绪又何妨。

　　那年九月你我相遇，今日盛夏你们即将重新出发。

　　四年里，能成为你们的辅导员，何其有幸。